本书受到国家社会科学基金青年项目“环境规制促进经济高质量发展的作用机制、效应测度及政策路径研究”（项目编号：19CJY001）的支持。

环境规制与经济高质量发展：

理论、机制及政策路径

Environmental Regulation and High-Quality Economic Development: Theories, Mechanisms and Policy Pathways

弓媛媛◎著

中国财经出版传媒集团
中国财政经济出版社
·北京·

图书在版编目（CIP）数据

环境规制与经济高质量发展：理论、机制及政策路径／弓媛媛著．-- 北京：中国财政经济出版社，2025.4．-- ISBN 978－7－5223－3801－9

Ⅰ．F124

中国国家版本馆 CIP 数据核字第 2025TE0630 号

责任编辑：庄　莉　　　　责任校对：张　凡

封面设计：孙俪铭　　　　责任印制：史大鹏

环境规制与经济高质量发展：理论、机制及政策路径

HUANJING GUIZHI YU JINGJI GAOZHILIANG FAZHAN：LILUN、JIZHI JI ZHENGCE LUJING

中国财政经济出版社 出版

URL：http：//www. cfeph. cn

E－mail：cfeph@ cfeph. cn

社址：北京市海淀区阜成路甲 28 号　邮政编码：100142

营销中心电话：010－88191522

天猫网店：中国财政经济出版社旗舰店

网址：https：//zgczjjcbs. tmall. com

涿州汇美亿浓印刷有限公司印刷　各地新华书店经销

成品尺寸：170mm×240mm　16 开　12.5 印张　200 000 字

2025 年 4 月第 1 版　2025 年 4 月河北第 1 次印刷

定价：75.00 元

ISBN 978－7－5223－3801－9

（图书出现印装问题，本社负责调换，电话：010－88190548）

本社图书质量投诉电话：010－88190744

打击盗版举报热线：010－88191661　QQ：2242791300

前言

在新时代的经济转型背景下，中国的经济发展已经从追求速度转向追求质量，进入了高质量发展的新阶段。党的十九大明确提出，中国经济已经由高速增长阶段迈向了高质量发展阶段，这不仅是经济发展总量和增速达到一定水平后的必然选择，更是经济结构优化、经济效率提升、发展方式转变和动力转换的必然结果。党的十九届五中全会进一步强调，“经济、社会、文化、生态等各领域都要体现高质量发展的要求”。党的二十大报告中也明确指出，“高质量发展是全面建设社会主义现代化国家的首要任务”。在这一背景下，如何平衡经济增长与生态环境保护成为推动经济高质量发展的核心议题，高质量发展的实现不仅需要经济增长的支持，更需要与生态环境保护的深度融合。环境规制作为政府实现环境保护与经济协调发展的重要手段，正在成为促进经济高质量发展的关键力量。因此，深入探究环境规制影响高质量发展的影响效应、作用机制以及提升路径对中国经济高质量发展研究十分必要。

本书立足于中国当前经济发展的实际需求，围绕环境规制如何影响经济高质量发展这一核心问题展开深入研究。全书遵循“提出问题、分析问题、解决问题”的逻辑，全面系统地研究环境规制影响经济高质量发展背景意义、理论机理、现实选择、影响效应、作用机制、经验借鉴及路径选择，回答了环境规制“为何促进”“是否促进”以及“如何促进”经济高质量发展的问题。

全书共分为十章。第一章从环境规制影响经济高质量发展这一研究问题的出现原因及其重要性为切入点，阐述了环境规制与经济高质量发展相结合的背景与意义。首先，分析了中国经济进入高质量发展阶段的历史背景，指出环境保护在这一阶段的重要性；其次，探讨了环境规制作为一种政府政策工具，在推动经济结构优化和提升经济效率方面的重要作用，并强调了研究环境规制与经济高质量发展关系的必要性；最后，分析了系统阐述了研究的框架、内容、方法、创新及不足，明确了研究问题的合理性、严密性和创新性。

第二章至第四章为全书的理论研究部分。第二章梳理、总结和评述了关于环境规制、经济高质量发展及其相互关系的国内外研究文献，分析了当前研究的不足和亟待解决的问题。这一章主要围绕环境规制和经济高质量发展的内涵界定和测度方法来进行文献梳理，并探究了经济高质量发展的新动能和政策路径研究。通过对现有文献的总结和评述，明确了研究的重点方向，并为后续章节的理论与实证分析奠定了基础。第三章从相关理论视角分析环境规制对经济高质量发展的影响。首先从环境资源稀缺性理论、可持续发展理念和环境污染的负外部性理论分析生态保护对经济增长提质增效的重要影响；从经济增长理论演变和经济增长极限理论来说明经济高质量发展是实现长期可持续经济增长的关键，利用“五大发展理念”来引导经济高质量发展；进而从环境库兹涅茨曲线理论、绿色索洛模型和“绿水青山就是金山银山”理论分析环境规制促进经济高质量发展的理论基础，构建了分析环境规制影响经济高质量发展的理论框架，以期为后续章节的作用机理分析和实证检验打下坚实的研究基础。第四章从理论层面重点探讨了环境规制对经济高质量发展的影响机理。首先，结合相关文献和理论分析了环境规制是如何影响经济高质量发展的，并结合不同类型的环境规制，深入探讨了它们对经济高质量发展的不同影响路径，进而分别分析环境规制是如何从发展方式转变、经济结构优化和发展动能转换三个机制来影响经济高质量发展的，从理论层面解释了环境规制在推动经济高质量发展中的作用，提出研究假设，为下文的实证检验提供机理分析。

第五章和第六章为全书的现状研究部分。第五章深入分析了中国环境规制和经济高质量发展的历程和成效。首先分析环境规制的发展历程，梳理了正式环境规制和非正式环境规制工具的特征、在执行过程中存在的优劣势及其实施效果；其次，分析中国经济高质量发展的不同阶段的发展特征、成效及经验，为后续章节的实证检验以及顶层设计打下坚实的基础。第六章在测度和分析中国环境规制与经济高质量发展的现状与变动趋势的基础上，详细分析了环境规制在促进中国经济高质量发展过程中面临的现实困境，倒逼着经济发展实现提质增效。

第七章和第八章为全书的实证研究部分。第七章基于2013—2020年中国大陆除西藏之外的30个省份的面板数据，通过实证分析检验了环境规制对经济高质量发展的影响效应。第八章则分别从发展方式转变、经济结构优化、发展动能转换三个视角出发实证检验环境规制影响经济高质量发展的作用机制，实证探究环境规制如何影响经济高质量发展。

第九章和第十章为全书的政策研究部分。第九章选取了多个国家和地区环境保护与经济高质量发展的成功案例，总结国内外经典案例中的成功经验，为中国环境规制促进经济高质量发展提供了经验借鉴。第十章探讨了环境规制促进经济高质量发展的机遇与挑战，提出了在新形势下如何通过加强环境规制来推动经济高质量发展的政策建议和路径选择。

本书从理论到实证，全方位地探讨了环境规制对经济高质量发展的影响效应、作用机制及提升路径，为中国经济高质量发展的理论研究和实践提供了重要的参考。希望本书的研究成果能够为政策制定者、研究学者以及相关从业人员提供有益的借鉴和参考。

目录

第一章　环境规制促进经济高质量发展的选择的必然性

在当今全球经济转型的背景下，实现经济高质量发展已成为各国政府和学术界广泛关注的核心议题。中国作为全球第二大经济体，正处于经济结构调整和增长模式转型的关键时期。然而，过去数十年的快速经济增长虽然带来了显著的经济成果，却也引发了严重的环境问题和资源消耗压力。面对这些挑战，中国政府提出了高质量发展的理念，强调经济发展不仅要追求速度，更要注重质量和可持续性。在推动经济高质量发展的过程中，环境规制作为一项关键政策工具，逐渐成为政府调控经济活动、保护环境资源的重要手段。环境规制不仅在解决环境污染、改善生态环境方面发挥着至关重要的作用，更在推动经济绿色转型和促进高质量发展中展现出其不可或缺的地位和功能。

第一节　研究背景

自改革开放以来，中国经济持续快速增长。根据国家统计局公布的数据，1979 年至 2019 年中国 GDP 年均增速为 9.4%，远高于全球经济增速，稳居世界第二位，对世界经济增长的贡献率保持在 30% 左右。人均 GDP 由 1978 年的 385 元增加到 2019 年的 70892 元，与高收入国家之间的差距日益缩小。根据国家外汇局公布的数据可知，2019 年末中国外汇储备规模为 31079 亿美元，2013 年至 2019 年年均增长率保持在 1.5% 左右，2023 年的外汇储备规模达 32380 亿美元，连续 18 年稳居世界第一，为维护国家经济金融安全提供了重要保障。中国 2019 年对外贸易总额世界排名第二，是全球最大出口国，保持贸易顺差；在工业发展上，2023 年国民经济和社会发展统计公报显示，2023 年全部工业增加值达到 39.91 万亿元，规模以上工业增加值同比增长

4.6%，中国工业增加值自2010年超过美国，连续十余年稳居世界第一，同时中国是全球唯一拥有联合国产业分类目录中所有工业门类的国家，工业体系建设取得领先地位（黄海燕，2021）。在世界经济论坛发布的 *The Global Competitiveness Report*（*Special Edition* 2020）中，中国的全球竞争力位居第20，中国在经济、科技、教育、创新、政治等多个领域的国际竞争力不断增强（Schwab & Zahidi，2020）。在中国特色社会主义道路上取得巨大成果的同时，长期粗放的经济发展方式导致水污染、大气污染以及土壤污染等生态环境问题频发，造成了严重的生态破坏，城市资源环境承载力严重不足。2019年中国二氧化碳排放量占到全球总量的27%（Olivier & Peters，2020），雾霾天气数量不断增加，使人类生存与发展受到严重威胁。资源约束、环境污染等问题制约着中国经济高质量发展。如何实现生态环境保护与经济高质量发展之间协调发展成了中国政府备受关注的问题。

自党的十八大以来，我们党对经济发展的规律性认识更加深刻，中国经济发展已经进入了由追求量增转变为质变的新阶段，中国经济进入了提升质量、稳步增长的新常态。在中国共产党第十九次全国代表大会上，“高质量发展”这一概念被首次提出，习近平总书记在党的十九大报告中作出了中国经济正处在“转变发展方式、优化经济结构、转换增长动力的攻关期”的重大判断。在随后举行的中央经济工作会议上，习近平总书记再次强调中国经济发展进入了新时代，中国经济发展亦进入了新时代，指出中国经济已完成从高速增长转向高质量发展的重要转变。2020年，党的十九届五中全会通过的《中共中央关于制定国民经济和社会发展第十四个五年规划和二〇三五年远景目标的建议》再次强调，推动高质量发展是“十四五”时期经济社会发展思路确定、经济政策制定以及宏观调控实施的主题。党的二十大报告也指出推动高质量发展是全面建设社会主义现代化国家的首要任务。这揭示了在中国经济发展进入新阶段的背景下，高质量发展符合中国社会主要矛盾变化对中国转变经济发展方式提出的要求，为今后中国经济的发展指明了方向。当前，经济发展和生态环境保护的不平衡问题制约着经济高质量发展，而解决好污染问题、构建高质量现代化经济体系离不开绿色发展（周宏春，江晓军，2019）。习近平总书记在党的二十大报告中也强调“尊重自然、顺应自然、保护自然”的重要性，实现人与自然和谐共生是全面建设社会主义现代化国家的内在要求。2024年7月召开中国共产党第二十届中央委员会第三次全体会议（即党的二十届三中全会）将“高质量发展”定为全面建设社会主义现代化国家的首要任务。会议强调，必须以新发展理念为引领，深化供给侧结构性改革，健全推动高质量发展的体制机制。因此，中国经济要从高速增长转向高质量发展并实现质的改变和飞跃，必须走绿色、可持续发展的道路。

环境污染的负外部性是市场失灵的典型代表，而环境规制作为一种政策工具，是解决环境污染问题、推动经济绿色发展的重要途径。从新中国成立至今，为了应对粗放式的经济发展模式对生态环境造成的污染和破坏，中国制定和实施了一系列环境规制政策来加强污染的治理和生态环境的改善。1984 年颁布的《中华人民共和国水污染防治法》、1987 年颁布的《中华人民共和国大气污染防治法》、1989 年颁布的《中华人民共和国环境保护法》《环境噪声污染法》等，2012 年党的十八大提出推动生态文明建设的战略决策、2017 年提出的“坚决打赢蓝天保卫战”的号召，这些都是环境规制政策的实践（刘章生，2017）。环境规制是生态保护的重要手段，然而，环境规制是通过“遵循成本”效应还是“创新补偿”效应对经济高质量发展产生影响仍存在争议。其中“遵循成本论”的支持者认为，虽然环境规制的初衷在于治理环境污染，但实施相关政策势必导致企业生产成本增加，进而抑制企业的创新意愿，有可能在一定程度上削弱经济增长势头；而“创新补偿论”的学者们认为环境规制政策虽然在短期内可能增加企业的生产成本，但从长期来看会提高企业的技术创新能力，能够抵消由于成本增加带来的损耗。那么，环境规制能否倒逼企业进行节能减排，从而减少环境污染问题，并显著助推经济高质量发展？其背后的传导机制是什么？探究相关问题有助于推动中国经济向高质量发展转型，同时为中国经济高质量发展的新格局注入活力。

当前，中国经济正处于转型升级的重要发展阶段，要实现从高速增长的模式向高质量发展的模式转变。习近平总书记在党的十九大报告中指出，如何实现发展方式转变、经济结构优化以及增长动力转换，是中国经济当前急需攻克的问题。改革开放以来，中国长期选择粗放型的经济发展方式，单纯以追求速度、扩大数量为目标，因此导致了中国面临较严峻的生态问题，如今中国改变了不正确的发展理念，秉持“创新、协调、绿色、开放、共享”五大新发展理念，实现由“规模速度型”向“质量效益型”转变，追求速度与效应、数量与质量的相统一，是助推经济实现高质量发展目标的重要举措之一。自改革开放以来，中国不断调整与优化产业结构，尽管传统重工业仍占主导地位，但服务业的发展仍有巨大潜力。当前，中国产业正朝着高质量发展的方向迈进，以加速推动传统产业与新兴产业的融合发展来赋能传统产业实现转型升级，以实现产业结构的持续优化并推动经济朝着高质量发展的方向发展。当前，中国经济正处于稳中向好的阶段，其中新旧动能转换在推动经济高质量发展的进程中扮演着重要角色。高新技术产业持续蓬勃发展，经济资源配置逐步优化，新动能的崛起推动产业结构升级，为中国经济的持续健康增长提供了新的动力源泉。然而，要真正实现中国经济的高质量发展，就必须引领发展方式的转型，精细调整经济结构，有效转化增长动能，从而推动经济朝着高质量发展的目标稳健前行。

总体来看，环境规制对经济高质量发展有着重要的影响。本书旨在通过测度中国环境规制和经济高质量发展水平，实证研究二者之间的影响效应。进一步，本书将从发展方式转变、经济结构优化和发展动能转换方面探究环境规制影响经济高质量发展的作用机制，以期为省域的环境规制促进经济高质量发展提供参考和启示。

第二节　研究意义

在当今新时代背景下，高质量发展已成为当今时代经济发展的主题，是实现中国式现代化的必然选择。本书采用全国 30 个省（自治区、直辖市）的数据，通过测量和分析各省的环境规制与经济高质量发展的现状，深入剖析了中国目前环境规制和经济高质量发展所面临的困境。基于已有的相关理论的研究，从理论基础视角阐述环境规制如何影响经济高质量发展，实证探析环境规制如何影响经济高质量发展，进而探究环境规制如何作用于经济高质量发展，在借鉴国内外环境规制促进经济高质量发展的经典案例发展经验的基础上，提出了促进经济高质量发展的环境规制政策，为推动中国省域经济高质量发展水平提供了宝贵的政策建议，具有重要的理论和现实意义。

第一，拓展了环境规制与经济高质量的相关理论研究。本书深入剖析了国内外相关学者对环境规制、经济高质量发展的内涵界定，梳理了能够分析二者影响关系的理论，创新地从环境规制视角出发，分析了发展方式转变、结构优化和动能转换对环境规制影响经济高质量发展的推动作用。这种分析有助于深化、拓展现有的理论研究框架，为研究环境规制对经济高质量发展的影响提供了坚实基础，并且也为相关领域的研究提供了新的内容参考。

第二，有利于各地区实施与优化环境规制。立足于环境规制与经济高质量发展的影响效应，因地制宜地探究提升经济高质量发展的最佳的环境规制强度以及不同类型环境规制的有效性，有利于解决当前经济发展存在的环境污染问题、发展方式不可持续、发展不平衡不充分、创新动力缺乏等问题，有助于实现中国经济提质增效。

第三，弥补现有研究对地方政府考察的欠缺。本书以全国各省（自治区、直辖市）为样本，阐明了环境规制是通过何种机制来促进经济高质量发展的提升的，进而通过构建计量模型，来实证检验环境规制对经济高质量发展的直接影响效应，进而从发展方式转变、经济结构优化和发展动能转换三个视角探究其作用途径，有利于准确衡量环境规制对经济高质量发展的影响，最后因地制宜地提出了提升中国经济高质量发展水平的政策建议，为各地方政府优化环境规制制定、促进各地区区域经济高质量协同发展提供依据。

第四，推动中国经济实现高质量发展转型。本书旨在利用相关数据实证分析环境规制强度对中国经济高质量发展的促进作用。通过从各省区市的视角分析环境规制的有效性，旨在制定更科学可行的环境规制政策，从而加速各地区经济的高质量发展。同时，本书还将从环境保护的角度考察中国经济高质量发展的动态过程，为实现这一目标提供更精准的政策路径。

第三节 研究内容及方法

本书紧密围绕“如何通过环境规制促进经济高质量增长”这一问题展开，以推动环境规制促进经济高质量发展为目标，系统分析了环境规制、经济高质量发展相关理论，以环境规制、经济高质量的深刻内涵和现实特征为依据，梳理推动中国环境规制促进经济高质量发展的理论基础，利用2013—2020年中国30个省（自治区、直辖市）的数据，测度分析环境规制与经济高质量发展水平，并从时间和空间角度分析其阶段性特征，进而基于发展方式转变、结构优化与动能转换三个视角，对环境规制影响经济高质量的效应检验、作用机制、典型案例和经验启示进行分析，最后从政策建议视角深入剖析环境规制如何促进经济高质量发展。图 1－1 详细呈现了本书的研究思路。

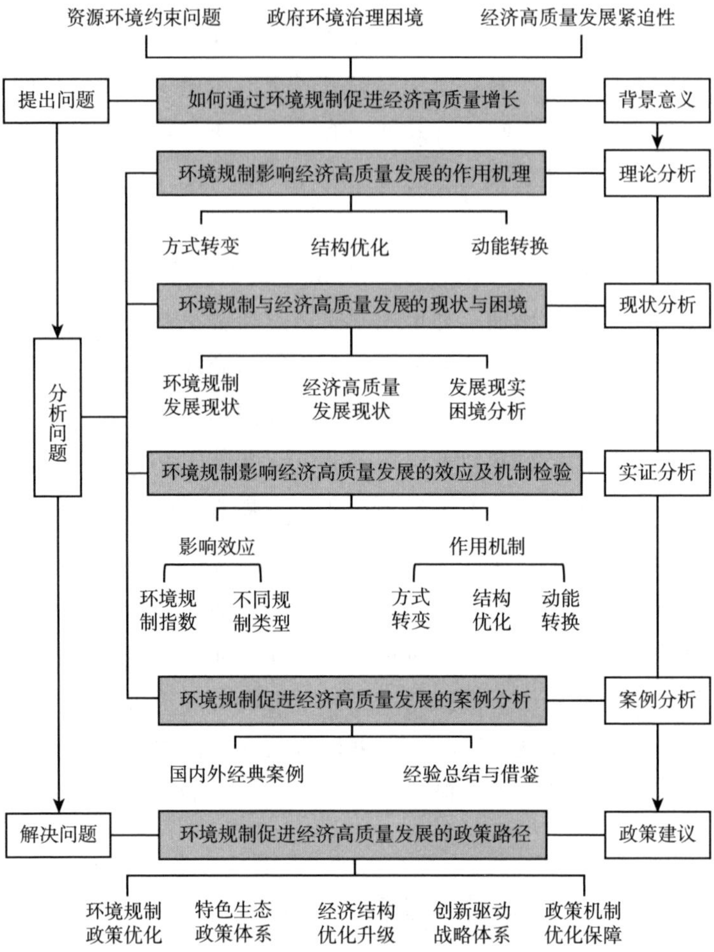

图 1－1　研究思路

一、研究内容

（一）环境规制影响经济高质量发展的理论基础及作用机理

本书从理论层面分析环境规制如何影响经济高质量发展。首先，本书结合环境的稀缺性理论、可持续发展理论、环境负外部性理论来分析环境规制的重要性；从经济增长理论演变、经济增长极限理论和“五大发展理念”来分析经济高质量发展的历程演变及其重要性；还从环境库兹涅茨曲线、绿色索洛模型以及绿水青山就是金山银山理论（即“两山论”）来分析环境保护与经济增长协调发展的重要性，为分析环境规制影响经济高质量发展提供了坚实的理论基础。其次，本书系统剖析了环境规制促进经济高质量发展的影响效应，分析了环境规制是如何通过发展方式转变、经济结构优化和发展动能转换三个机制来影响经济高质量发展的，构建了全面分析环境规制影响经济高质量发展的理论体系。

（二）环境规制和经济高质量发展的测度以及发展困境剖析

基于中国环境保护与经济发展的现状，在系统分析关于环境规制、经济高质量发展相关理论的基础上，以环境规制、经济高质量的深刻内涵和现实特征为依据，梳理推动中国环境规制促进经济高质量发展的理论基础，以全国 2013—2020 年 30 个省的面板数据为研究对象，对环境规制与经济高质量发展现状进行测算及分析。具体包括：（1）环境规制的测度及分析。从环境规制综合指数以及行政型环境规制、市场型环境规制和非正式环境规制四个方面测度和分析环境规制的发展情况。（2）经济高质量发展测度及分析。经济高质量发展水平的测度采用了考虑非期望产出的 Super SBM 模型，并从时间和空间视角分析除西藏以外的中国大陆 30 个省区市的经济高质量发展水平的演变趋势。（3）剖析环境规制促进经济高质量发展所面临的现实发展难题。从发展方式转变、经济结构优化和发展动能转换三个方面深入分析环境规制与经济高质量发展中的紧迫性问题，为环境规制、经济高质量发展相关的理论、实证和政策提供基本参考依据。

（三）环境规制影响经济高质量发展的效应和机制实证检验

在理论分析的基础上，本书实证检验环境规制促进经济高质量发展的影响效应和作用机制，论证当前形势下环境规制促进经济高质量发展的合理性和必要性，检验“是否促进”问题，为解决“如何促进”提供科学指导。具体包括：（1）利用 OLS 估计方法实证检验环境规制以及不同类型的环境规制对经济高质量发展的影响效应；（2）从发展方式转变、经济结构优化、发展动能转换角度实证检验环境规制通过“质效提升”效应、“结构优化”效应和“动能转换”效应促进经济高质量发展的机制效应。

（四）环境规制影响经济高质量发展的案例分析及政策启示

遵循“案例分析—经验借鉴—政策路径”的思路，分析解决“如何促进”的实现路径问题。(1) 案例经验启示。搜集、整理和归纳具有代表性国家关于环境规制促进经济高质量发展的典型案例，分析现行环境规制执行过程中面临的困境，并针对其成因和对策展开探讨，归纳总结环境规制促进经济高质量发展的政策经验。(2) 政策路径设计。在分析国内外发展环境的前提下，提出以完善优化环境规制为发展任务，以构建特色生态政策体系为发展战略，以强化经济结构优化升级为发展方式，以完善创新驱动体系为发展动能，以优化政策制定实施为机制保障，探索有助于实现经济高质量发展的政策路径。

二、研究方法

为了探究环境规制促进经济高质量发展的影响效应、作用机制以及政策路径，本书主要采用的研究方法有以下四种。

（一）文献分析法

通过检索国内外相关学术专著、期刊论文、优秀硕博学位论文、行业报告等文献资料，归纳总结出文献中的主要观点、结论和研究方法，发现研究中的规律性和趋势性。对文献资料细致分析后，撰写文献综述，并基于已有研究现状评价其优缺点，提出本书的研究观点和研究改进。文献分析法不仅使研究者能够系统地掌握某一领域的研究现状和进展，而且为其研究提供了坚实的理论基础和参考依据，从而有助于提升研究的深度和广度。

（二）实地考察法

本书采用灵活调研的方式，深入生态环境治理成效较好的省份进行实地调研，系统客观地收集各地关于生态治理以及高质量发展相关数据、政策、经验与效果。通过实地调研获取第一手的资料和数据，能够真实反映当前环境规制促进经济高质量发展的基本情况、存在的现实问题以及发展经验，为全书提供丰富的案例支撑。

（三）定性与定量分析相结合

基于环境规制与经济高质量发展之间的内在联系，以环境资源的稀缺性、可持续发展理念、环境负外部性理论、经济增长理论、经济增长极限理论和"五大发展理念"、环境库兹涅茨曲线、绿色索洛模型、绿水青山就是金山银山等为理论支撑，构建分析环境规制影响经济高质量发展的理论体系；同时利用计量分析模型与方法，进而实证检验环境规制对经济高质量发展的影响效应以及作用机制。

（四）比较研究方法

运用比较研究方法，对日本、德国等国家环境规制促进经济高质量发展的案例进行分析，探讨其成功经验及启示；与国内环境规制促进经济高质量发展的典型案例进行对比分析，总结不同案例的实施条件、差异与不足，为不同发展阶段下环境规制促进经济高质量发展提供参考和借鉴，提高环境规制政策的针对性与有效性。

第四节 创新点及不足

一、创新点

本书基于中国省域面板数据，从理论和实证角度探究环境规制对经济高质量发展的影响效应和作用机制，本书的创新点概括如下三个方面。

一是研究视角的创新。(1) 本书将环境规制的影响引入研究经济高质量发展中，从资源环境保护视角考察经济高质量发展，是对现有发展困境的重要探究，亦是对已有研究的重要拓展与补充；(2) 本书报告不仅探究了环境规制强度对经济高质量发展水平的影响，同时分析了不同类型环境规制的不同影响效果，丰富了现有的环境规制与经济高质量发展间关系的研究成果，为不同的环境规制类型在提升经济高质量发展方面提供了实证依据和经验借鉴；(3) 立足经济高质量发展的内涵和理论基础，本书从发展方式转变、结构优化、动力转换三个角度对环境规制促进经济高质量发展的作用机制进行系统分析与实证检验，能够全面、多维、深入地探究环境规制影响经济高质量发展的作用机理，为全面提升中国区域经济高质量发展水平提供了相应的借鉴价值。

二是研究方法的创新。本书综合利用了包括 Super SBM 的数据包络分析方法、OLS 回归以及机制检验模型等研究方法，并基于发展方式转变、经济结构优化和发展动能转换这三大视角，系统、全面地探究中国省域环境规制促进经济高质量发展的影响效应、作用机制以及政策路径。

三是学术观点的突破。(1) 与已有文献从构建不同的指标评价体系的方法来考察高质量发展水平不同，本书采用利用超效率 SBM 模型测算出的效率值来表征经济高质量发展水平，能够克服指标选取以及赋权主观性的问题，较为客观地反映出经济发展质量水平；(2) 基于高质量发展的基本概念及内涵，本书系统地从理论层面和实证层面对环境规制促进发展方式转变、促进经济结构优化和促进发展动能转换的机制进行了细致讨论，为分析环境规制促进经济高质量发展提供了坚实基础。

二、不足

在本书对环境规制与经济高质量发展的研究过程中，虽然取得了一定的成果，但仍存在一些不足之处，需要在未来的研究中进一步改进和完善。以下是本书研究中存在的几个主要不足之处。

一是数据有待进一步更新。本书的实证分析数据主要基于 2013—2020 年中国大陆 30 个省级行政区（不包括西藏）的统计数据，未能覆盖最近几年的数据。此外，数据的空间粒度仅限于省级层面，未能深入到地级市层面进行更精细化的分析，导致区域内异质性差异的揭示不够深入。未来的研究应努力获取最新年份的数据，并扩展至地级市层面，以更全面、细致地分析环境规制对经济高质量发展的影响。

二是指标测度方面的局限性。在本书中，环境规制主要分为行政型、市场型和非正式环境规制三大类。然而，对非正式环境规制的测度方法仍然存在一定的局限性。当前的测度方法可能无法充分捕捉非正式环境规制的实际强度和效果，尤其是在一些地方政府执行力较弱的地区。未来的研究可以利用大数据和爬虫技术，从媒体报道、政策文件和公众舆情中获取更贴近实际的非正式环境规制强度数据，以提高测度的准确性和全面性。此外，经济高质量发展的测度方法一直存在争议。未来研究需要进一步探索和优化经济高质量发展的测度方法，以确保测度结果的科学性和可靠性。

三是机制实证检验方法的局限性。本书在实证分析中，虽然采用了多种计量经济学方法，但仍存在一些不足。例如，异质性分析和内生性检验的缺失可能会影响研究结论的稳健性。此外，稳健性检验的方法比较单一，未能全面检验研究结果的稳健性。未来研究需要引入更多元的异质性分析方法，对不同区域、不同发展水平的地区进行分组检验，并通过工具变量法、双重差分法等方法进行内生性检验，以提高研究结论的可信度和适用性。同时，还应采用多种稳健性检验方法，确保实证分析结果的稳健性。

综上所述，本书虽然对环境规制与经济高质量发展进行了较为系统的分析，但在数据更新、指标测度、机制检验模型构建及实证分析方法等方面仍存在改进空间。未来的研究应在这些方面进一步完善，以期获得更为科学、全面的研究结论，为政策制定者提供更加有效的决策依据。

第五节　本章小结

本章深入探讨了环境规制对中国实现经济高质量发展的重要性和必然性。自改革开放以来，中国经济取得了显著的增长，但这种增长模式也带来了严重的环境问题。面对资源约束和环境污染的挑战，中国政府提出了高质量发展的理念，强调经济发展不仅要注重速度，更要注重质量的提升。环境规制作为政策工具，对于解决环境污染问题、推动经济绿色发展具有重要作用。正是在这样的发展背景下，本章主要阐述了全书的研究内容、研究方法和研究创新及不足。全书基于 2013—2020 年中国除西藏之外的 30 个省（自治区、直辖市）的数据，通过理论分析、现状分析、实证检验、案例分析和政策启示来探讨环境规制对经济高质量发展的影响；在研究方法上，本书采用了文献分析法、实地考察法、定性与定量分析相结合的方法以及比较研究方法；研究的创新之处在于从资源环境保护视角研究经济高质量发展，综合多种研究方法，并使用超效率 SBM 模型客观反映经济发展质量水平。总体而言，本章强调了环境规制在推动中国经济向高质量发展转型中的关键作用，并为全书的结构提供了清晰的逻辑框架。

第二章　环境规制影响经济高质量发展的研究综述梳理

系统回顾已有研究成果，不仅能够帮助读者全面了解该领域的研究现状和发展趋势，识别出当前研究中的热点问题与存在的不足，而且为本书的研究框架奠定了理论基础，并提供了构建研究假设的依据。根据研究问题，本书将从环境规制相关研究、经济高质量发展相关研究和环境规制影响经济高质量发展的相关研究三个层次对国内外相关文献进行梳理。通过对相关文献的深入分析，本书将进一步明确研究创新点，为研究问题的进一步探讨提供坚实的学术基础，并为后续章节的深入分析奠定理论和实证依据。

第一节　环境规制相关研究

一、环境规制的内涵界定

环境规制作为将企业活动产生的外部效应内部化的有效工具，逐渐成为政府发展绿色低碳经济的重要手段。环境规制本身作为一个内涵与外延非常广泛的概念，涉及社会、经济、伦理道德等多个方面，是一个多维问题。显而易见，环境规制来源于“规制”一词。对于规制的含义，不同学者有不同的界定方法（徐成龙，2015）。植草益（1992）将“规制”界定为政府等社会公共机构参考一定的规章准则，对从事相关经济活动的机构、企业或个人采取相应的监督和限制行为。基于对“规制”的含义的理解，学术界从不同角度出发就环境规制的内涵开展了一系列研究。在 1980 年，Dasgupta（1980）首次提出环境规制的概念，他认为环境规制是政府制定与实施相关环境保护政策的推拉效应。具体而言，政府通过强制性手段对企业进行规范约束，要求它们在生产过程中减少由环境污染所引起的负外部性问题。这种规制作用既是一种推动力，通过强制性措施促使企业改变其生产方式，减少对环境的负面影响；同时也是一种拉动力，政府对环境保护政策的制定和实施使企业认识到环境保护对经济发展的重要性，从而自觉采取环保措施。这种推拉效应的作用使环境规制能够确保经济发展的质量，既保障了经济增长的可持续性，又实现了环境保护的目标（黄珊珊，2020；周清香，2021）。20 世纪 80 年代末，多种形式的环保税出现，在原有手段基础上增加了经济刺激手段和市场机制政策（赵玉民，朱方明和贺立龙，2009），这是对环境规制定义的第一次补充；当正式环境规制相对较为薄弱或者缺乏时，社区通常会通过非正式环境规制，即利用与工厂谈判或协商等渠道促使当地工厂进行污染减排（Pargal & Wheeler，1995）。环境规制的定义得到了进一步补充，即在原有环境规制提出主体的基础上增加了行业协会、工厂企业等非政府主体参与环境治理、约束的作用，体现了环境规制主导力量的多元化特征（赵玉民，朱方明和贺立龙，2009）。21 世纪初，越来越多的学者开始关注环境规制问题，并对环境规制的定义进行了进一步补充完善。Frondel，Horbach & Rennings（2007）研究发现环境规制作为政府主导的环境政策工具，在助力生态保护、赋能产业创新方面扮演了重要角色。董敏杰（2011）对环境规制的内涵界定与行政命令性环境规制相一致，即将环境规制定义为政府依据相关法律法规来约束污染物的排放。而赵玉民，朱方明，贺立龙（2009）的研究相对较为全面，提出环境规制通过对个体或组织实施一种以“有形制度或无形意识为存在意识”的约束来实现环境保护的目的。根据环境规制的内涵和常见的工具及措施，可以将环境规制分为显性环境规制和隐性环境规制两种类型。具体来看，常见的显性环境规制可以划分为命令控制型、市场激励型和自愿参与型环境规制，而隐性环境规制则指的是个体“内在的、无形的环保思想、环保观念、环保意识、环保态度和环保认知”等。

总体而言，环境规制的制定与实施的目的在于实现资源环境与经济社会的协调、可持续发展，满足公众对高质量生活环境的需求，其主体包括政府、企业或组织以及社会公众三方，其本质是政府行为与其他约束性行为的总和。因此，本书将环境规制界定为政府、企业或其他组织制定的一系列规则和标准，其旨在保护环境、减少污染和促进可持续发展。

二、环境规制的测度方法

如何科学、有效地测度一个地区的环境规制强度是开展相关研究的前提。现有文献对于环境规制的测度方法有很大差异，通过对已有研究的梳理与总结可以发现，关于环境规制的表征方法，总体上主要分为单一指标方法和多指标方法两种。

对于单一指标方法，在当前学术界，学者们从不同的研究视角出发，选择不同的指标来衡量环境规制的水平。具体而言，主要采用以下方法来度量政府环境治理力度：一是利用排污密度来进行表征，即用污染物排放量或单位产值污染排放强度来衡量；二是采用治污成本来进行表征。在企业的生产经营中，如果企业面临高强度的环境规制，则其不得不承担较高的成本来进行减排降耗，以满足规制强度的要求。因此，学者们常用环境治理投入（Gray，1997）、投资总额、投资完成额、工业污染治理投资总额占企业总成本或占工业增加值的比重（范敏洪，穆怀中，2017）、单位产值企业的治污成本（娄昌龙，2016）、行业污染减排投资（Morgenstern，Pizer & Shih，2002）、人均运行费用以及治理污染设施运行费用（Cole & Elliott，2007；王勇，李雅楠，李建民，2017）等来衡量（张成，于同申，郭路，2010），如 Berman & Bui（2001）、Lanoie，Patry & Lajeunesse（2008）和沈能、刘凤朝（2012）；三是选取污染税率来保证环境规制强度，即用污染物的排污费率来表征（王兵等，2010；陈诗一，刘朝良，金浩等，2022）；四是利用环境立法或环境相关报告数、颁布的有关环境规制法律政策数（何枫等，2015）、与环保有关的行政处罚的案件数量（Cole，Elliot & Fredriksson，2008）来表示环境规制实施的强度，也有学者通过统计政府工作报告中与环保相关的词汇出现的频次或比例来表征政府的环境治理政策（陈诗一，陈登科，2018；Chen 等，2016）。除此之外，也有学者认为环境规制强度既体现在政府方面，也体现在企业方面。因此，在研究中综合利用政府污染治理投资和企业的污染减排支出来表征环境规制强度（Palmer & Pearce，2001）；五是利用环保相关的机构数和人员数来表征。Levinson（1996）采用平均每个企业的环境机构人数来作为环境规制强度的表征指标；六是从环境规制的实施效果角度，选取工业废水排放达标率、SO_2去除率以及工业烟尘去除率等指标来表征环境规制工具实施的成效（盛斌和吕越，2012；闫文娟，郭树龙和史亚东，2012；张华和魏晓平，2014；叶好和叶琪等，2018）。然而，政府环境规制的内涵丰富，不仅有环保法规条例等强制性手段，而且有污染税等市场化手段，又包含一些非政府组织和个人的环保理念与行为。因此，已有研究中采用单指标测度环境规制强度的方法难以体现环境规制的丰富内涵与工具类型。

对于多指标方法，学者们依据他们对环境规制的理解，将其分成不同的类别。一部分学者将环境规制视为一个综合类型，即采用构建指标评价体系的方法进行表征。如 Levinson（1996）、傅京燕和李丽莎（2010）从环境治理成效的角度，选用各地区工业“三废”的治理效率计算得到环境规制综合指数；相似地，王勇，李雅楠和李建民（2017）采用废水排放达标率、二氧化硫去除率、烟（粉）尘去除率和一般工业固体废物综合利用率构建了环境规制强度的综合测量指标体系；此外，徐盈之，杨英超和郭进（2015）构建了包含环境规制的成本指标和收益指标的环境规制指标评价体系来测算环境规制的效率。另一部分学者则从环境规制分为不同类型构建综合评价指标体系，如 Bemelmans - Vindec，Rist & Vedung（1998）将环境规制工具分为经济激励型、法律工具和信息工具三种；Lundqvist（2010）从组织、法律、物质、经济和信息这五个角度对环境规制工具进行分类；赵玉民，朱方明，贺立龙（2009）将环境规制分为显性环境规制和隐性环境规制，其中正式环境规制由行政命令型、市场激励型和自愿参与型环境规制工具构成，隐性环境规制则可分为直接和间接模式两种类型的工具；Li & Ramanathan（2018）将环境规制分为命令型、市场型以及非正式型环境规制。鉴于自愿参与型环境规制的形式多样、实施成效相对低且难以估计，故本书采用 Li & Ramanathan（2018）的划分方法，将自愿型环境规制划入非正式环境规制类型进行分析。

第二节　经济高质量发展的相关研究

一、经济高质量发展的研究热点

为了更科学地展现出经济高质量发展领域的各类研究成果，本书利用 CiteSpace 图谱量化软件，挖掘经济高质量发展研究的热点问题，对该领域的文献进行知识梳理和可视化分析。从中国知网上以高级检索主题为“经济高质量发展”，时间为2010年1月1日至2020年4月1日，来源为核心期刊、SCI、CSSCI、CSCD、EI期刊，并经过筛选除去一些会议和低相关度的文献，共选取619篇梳理价值较高的文献作为研究样本。

（一）热点主题发文量

经济高质量发展的不同研究主题方向的发文量之间进行对比，可以更加全面地了解该学科的发展形势和热点主题。图2－1为不同热点方向发文量分布。分析图2－1可以发现，关于“高质量发展”和“经济高质量发展”这两个主题词的发文量分别占据第一与第二的位置。后续的领域细化与分支的研究主题的发文量分布规律为：各分支主题的发文量相邻变化平缓、整体差异明显，热点主题呈现出集中趋势。学者们的研究集中于“结构性改革”（35篇）、“经济增长质量”（28篇）、“现代化经济体系”（28篇）、“全要素生产率”（25篇）、“供给侧结构性改革”（23篇）、“创新驱动”（23篇）、“长江经济带”（22篇）、“新时代”（21篇）等主题。

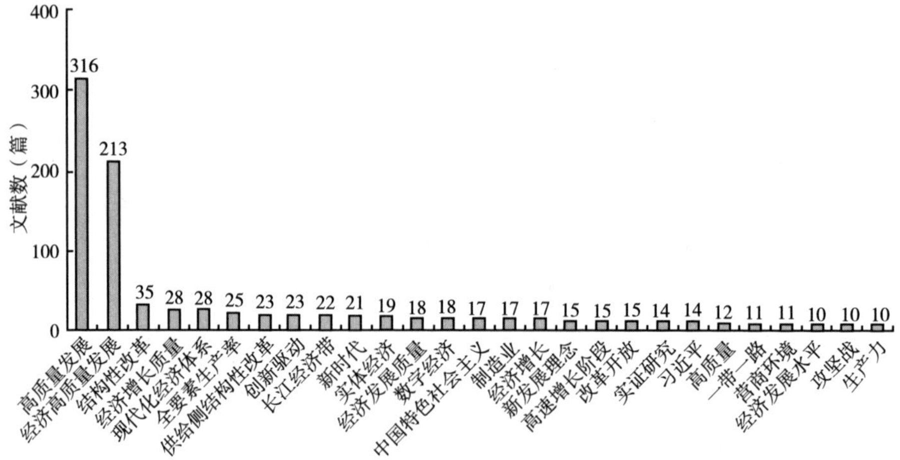

图2－1　不同热点方向发文量分布

（二）研究热点分析

1. 热点词词频统计

使用CiteSpace图谱量化软件将搜集到的619篇文献进行关键词分析，生成关键词共现网络并统计关键词的中心性①和出现频次，生成下面分别按中心性和出现频次排序的热点词统计表，见表 2－1。

表 2－1　　热点词词频统计

序号	按中心性排序			按词频排序		
	热词	频次	中介中心性	热词	频次	中介中心性
1	高质量发展	328	0.43	高质量发展	328	0.43
2	经济高质量发展	114	0.39	经济高质量发展	114	0.39
3	全要素生产率	32	0.17	全要素生产率	32	0.17
4	新时代	26	0.14	实体经济	27	0.10
5	现代化经济体系	22	0.12	经济增长	27	0.09
6	长江经济带	17	0.12	新时代	26	0.14
7	实体经济	27	0.10	现代化经济体系	22	0.12
8	经济增长	27	0.09	数字经济	19	0.08
9	数字经济	19	0.08	长江经济带	17	0.12
10	结构性改革	13	0.08	创新驱动	16	0.06
11	新发展理念	14	0.07	城市群	15	0.04
12	创新驱动	16	0.06	新发展理念	14	0.07
13	改革开放	9	0.06	供给侧结构性改革	14	0.03
14	科技创新	8	0.06	结构性改革	13	0.08
15	指标体系	9	0.05	技术创新	10	0.04
16	城市群	15	0.04	改革开放	9	0.06
17	技术创新	10	0.04	指标体系	9	0.05
18	制造业	9	0.04	制造业	9	0.04
19	产业转型升级	5	0.04	科技创新	8	0.06
20	供给侧结构性改革	14	0.03	产业转型升级	5	0.04

注：由于篇幅限制，本书仅列出前 20 个热词。

根据表 2－1 我们可以看出：除了两个主题词，“全要素生产率（0.17）”中心性最大，其次为“新时代（0.14）”“现代化经济体系（0.12）”“长江经济带（0.12）”“实体经济（0.10）”。从中介中心性定义与算法可以得知，如果关键词的中介中心性值大于等于 0.1 可称该关键词具有高度中介中心性。

① 中心性指中介中心性，即一个结点担任其他任意两个结点之间最短路的桥梁的次数。一个结点充当“中介”的次数越多，它的中介中心性值就越大，表示了关键词在共现网络中的地位和重要程度。

说明这五个关键词在共词网络中的地位至关重要。此外，核心关键词中除去两个主题词外，出现频次最多词依次为："全要素生产率（32）""经济增长（27）""实体经济（27）"等，出现次数大于20的关键词有7个、10—20之间的有8个。观察中心性排序表的中心性大小关系可知，中心性较大的词仅为极少数，中心性较小的词则占比较多，说明该共现网络呈中心聚集性高、四周涉及面广的特征。再分析关键词频次排序表的频次大小及变化速度可知，关键词频次差别较小并且平滑地递减，说明学者对该领域的研究的关注度也是由研究热点向其他方向平滑递减，研究较为集中、全面。

2. 关键词共现图谱

图2－2呈现了经济高质量发展领域研究的关键词共现图谱。如图2－2所示，关键词可视化图谱中的结点越大说明关键词出现的频次越高，两个节点之间连线越粗说明关键词之间的关系越密切。结点在图中的相对位置可以认为是关键词在该研究领域中的所处位置。可以发现"高质量发展"的结点最大且对外来联系呈辐射状，全要素生产率作为衡量高质量发展的重要指标处于辐射中心位置，产业转型升级、创新驱动是高质量发展的路径和动能，还有制造业、营商环境的改善、现代化经济体系的构建、新发展理念的贯彻实施、技术创新的推动、评价指标体系的完善都是研究经济高质量发展的重要组成。

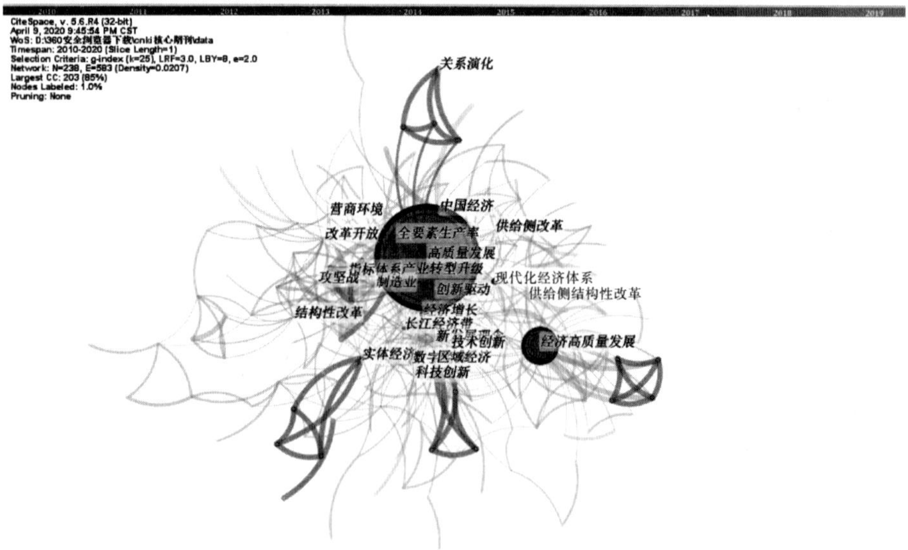

图2－2　关键词共现图谱

3. 演进趋势分析

通过对经济高质量发展的关键词的 Timezone 图谱的观察，可以更加全面地看到各时间节点上热点关键词出现的情况及与其内部的联系。通过分析可以发现，该领域的研究呈明显的阶段性与逐渐深入性。2017 年的突现关键词为“新时代”“攻坚战”“中国特色社会主义”，属于宏观背景的研究。在 2018 年的突现关键词为“指标体系”“现代化经济体系”，属于系统性、规范性的研究。在 2019 年的突现关键词为“供给侧改革”“产业转型升级”，是关于经济高质量发展路径的研究。因此，可以总结出经济高质量发展的演进趋势是从整体的宏观性研究到具体经济体系指标体系研究、再到更加细化的供给侧结构性改革等路径研究，是从宏观到中观再向微观发展、从背景理论构建到具体实践探索的演进趋势。通过分析 2020 年的热点关键词可以推测，经济高质量发展领域的研究前沿为：（1）侧重于对三大攻坚战（欧文汉，2020）与全面建成小康社会（卢倩倩，许光建，许坤，2020）以及人口老龄化问题（何冬梅，刘鹏，2020）等社会方面研究。（2）对经济高质量发展水平进行测算，具体有：基于 Super - SBM 模型计算测度技术效率及其构成要素（周宾，2020）、采用包含非期望产出的 SBM 模型测算绿色全要素生产率（余泳泽，杨晓章，张少辉，2019）、运用网络 WSBM 模型对科技创新驱动经济高质量发展的绩效水平进行测算（王慧艳，李新运，徐银良，2019）等。由于学界对经济高质量发展的测算方法存在争议，尚未构建出一个全面、完善的指标评价体系，对经济高质量发展水平的测算还有待完善。（3）国家重点区域的经济高质量发展研究成为热点。其中长江流域相关研究的累计发文量最多（吴传清，邓明亮，2019；黄庆华，时培豪，胡江峰等，2020），黄河流域成为最近的热点研究地区（安树伟，李瑞鹏，2020；徐辉，师诺，武玲玲等，2020；陈耀，张可云，陈晓东等，2020）。（4）高质量发展中互联网资本、信息化、产业数字化等方面的研究也成为新的研究热点（任保平，2020；李燕，2019）。

二、经济高质量发展的内涵界定

科学地认知经济高质量发展的内涵，是明确发展思路、把握当前阶段发展方向的重要前提，也是制定与实施发展战略的首要步骤。不同于经济高速增长阶段的经济增长所呈现出的以增长“总量”和“速度”为趋向的发展特征，经济高质量发展则具备创新性、协调性、生态性、高效益的发展特征，是“质”与“量”的统一。而与经济增长质量相比，经济高质量发展不仅包含经济质量，还包含社会民生及生态环境的发展质量，是经济增长质量的高级质态。根据已有研究成果，本书主要从系统全面视角、发展质量视角和国民福利视角来探讨不同学者对经济高质量发展的内涵的理解。

（一）系统全面视角

经济高质量发展是一个系统工程。学者们结合党的十九大报告中对经济高质量的表述，从系统全面推进经济发展的角度对经济高质量发展的内涵作出界定。在新时代发展背景下，经济高质量发展的内涵多以“创新、协调、绿色、开放、共享”的新发展理念为导向（韩君，张慧楠，2019；金碚，2018）。任保平（2018a）则将持续、有效、稳定及充分的要求纳入其系统建设中，提出高质量发展是综合了经济发展的“有效性、充分性、协调性、创新性、持续性、分享性和稳定性”，经济发展的质量主要体现在“生产要素投入低、资源配置效率高、资源环境成本低、经济社会效益好”。而周振华（2018）将新发展理念纳入社会再生产这一系统过程，认为经济高质量发展是生产、流通、分配和消费实现创新、高效、公平公正以及成熟，并通过各部分的协调发展实现全要素生产率的提升。此外，王永昌，尹江燕（2019）从经济高质量发展系统工程应具备的特征及发展趋向来界定其内涵，经济发展向中高速发展、优质化、科技化、金融化、美好生活、包容化、绿色生态和全球化发展。总体来说，高质量发展体现了经济的多层次、系统化、全面化的发展。

（二）发展质量视角

中国经济在由高速增长向高质量增长的转变过程中，经济发展关注的重心由国家物质财富数量的增长转变为质量和效益的增长，实现数量和质量的有机统一（任保平，2018b）。经济发展水平的高低主要取决于其诸多构成要素的质量水平。从经济发展质量视角出发，田素华，李筱妍，王璇（2019）提出要实现经济高质量发展，需要不断提升投入要素的质量，提高产出的质量以及提高经济发展的效率。金碚（2018）指出高质量发展的目标在于追求经济发展质量的提升，而发展质量体现在经济社会的方方面面，具有丰富的内涵。任保平和李禹墨（2018）认为发展质量的多维性应体现在经济发展高质量、改革开放高质量、城乡建设高质量、生态环境高质量以及人民生活高质量这些层面。覃正爱（2019）认为发展质量的丰富性应体现在高质量发展遵循经济社会发展的规律，十分注重发展质量的提升。具体地说，不仅包含供给、需求、配置是高质量，还要求投入产出、收入分配和经济循环等都必须高质量。郭春丽等（2018）认为实现高质量发展，应围绕质量变革、效率变革、动力变革，推动要素投入和产品服务质量同步提高、宏观和微观效率同步改善、供给侧动力和需求侧动力同步转换。

（三）国民福利视角

增进国民福利、提高居民生活质量是经济增长的最终目的（任保平，2019）。经济高质量发展是经济增长的高级质态，其判断标准是经济发展能否满足人民日益增长的美好生活需要。因此，经济高质量发展的内涵也应关注国民福利，坚持以人为本。Barro（2002）认为经济增长质量体现在对预期寿命、生育率、环境条件、收入公平性、政治制度以及宗教信仰等的综合考量。Mlachila，Tapsoba & Tapsoba（2014）基于发展中国家的数据研究发现，高质量增长体现在经济增长率不断提升和社会发展持久友好。宋国恺（2018）认为经济高质量发展不仅属于经济学的范畴，而且兼具社会属性，可以推动高质量社会建设、解决人民日益增长的美好生活需要和不平衡不充分的发展之间的矛盾，有助于实现人民对美好生活的向往。同样地，任保平（2018a）指出，相较于经济增长增量的内涵，高质量发展涵盖的范围更加广泛，要求经济、社会和环境等方面的发展质量更高。从提升国民幸福度来看，胡敏（2018）也认为高质量发展内涵是除纯经济领域，还应包含民生权益保障、社会治理水平、国家治理能力在内，能够体现人民获得感、幸福感、安全感、价值感等方面的发展。

综上，通过对三类视角下经济高质量发展内涵的梳理和归纳，可见经济高质量发展的内涵是被赋予时代特征、考量诸多因素的概念，是符合新时代背景的必然产物。本书认为经济高质量发展是在新时代背景下，坚持“创新、协调、绿色、开放、共享”新发展理念，通过高质量生产、高质量产出、高质量分配、高质量消费四大主要环节，实现经济、社会民生和生态环境协调、可持续的全面系统化发展，旨在满足人民日益增长的美好生活需要。

三、经济高质量发展的测度方法

经济高质量发展的测度对科学地衡量经济高质量发展水平，以及相关政策的制定、实施、评估以及预测有重要的指导意义。近年来，学者们在研究经济增长的“数量”成效水平的基础上，开始强调经济增长过程中的“质量”水平，即经济增长从对“速度”和“规模”的研究开始转向对“质量”和“效率”的研究（任保平，2013；Mei & Chen，2016）。早期对经济增长质量的测度为经济高质量发展的测度方法奠定了坚实的基础，可以称为经济高质量发展测度的萌芽阶段；但是，在一段时间内，经济增长质量被视作经济发展质量的替代。较多学者混淆了经济增长质量与经济发展质量（金碚，2018）。然而，“增长”与“发展”的概念有所不同，虽然经济增长质量与经济增长速度、产品质量、关键技术水平等都是经济发展质量的组成部分，但它们并非完全等同（彭文斌，文泽宙，2019）。经济增长质量更侧重于对经济增长的综合评价，包括经济增长的速度、稳定性、可持续性、公平性等方面，而不仅是增长速度或产品质量的提升。随着相关研究的不断丰富，国内外学者们对经济发展质量的测度研究进一步丰富了人们对高质量内涵的理解，推动经济高质量发展的测度方法研究进入了探索阶段；随着经济高质量发展概念的提出，学者们在测算经济增长质量和经济发展质量水平的研究基础上，对经济高质量发展的测度方法进行了日益丰富的研究，关于如何测度经济高质量发展水平的方法研究进入了发展阶段。目前，学者根据各自对高质量发展内涵的理解，单一指标评价法和指标体系评价法两种方法成为衡量经济高质量发展水平的重要方法。

（一）单一指标评价法

基于经济增长质量和发展质量测度的相关研究，部分学者采用某个指标来表征经济高质量发展水平的高低。受到 Solow（1956），Jorgenson & Griliches（1967）研究的影响，并考虑到经济发展中不可测度因素的存在，一部分学者认为经济发展质量主要是考察投入与产出的效率是否得到提升，全要素生产率能够反映经济发展的质量，因此全要素生产率是较为常见的替代指标（Mei & Chen，2016；贺晓宇和沈坤荣，2018；茹少峰，魏博阳和刘家旗，2018；张月友，董启昌和倪敏，2018；刘思明，张世瑾和朱惠东，2019；刘华军，2018；江春，吴磊和滕芸，2010；向国成，邝劲松和文泽宙，2018；赵可，张炳信和张安录，2014；魏敏和李书昊，2018b；王群勇和陆凤芝，2019；刘帅等，2019）；一些如世界银行、经合组织等有影响的国际机构在研究经济发展时，也经常把全要素生产率的变动作为考察经济增长质量的重要内容（郑玉歆，2007）。采用这类方法的学者认为，提高全要素生产率是推动质量变革的关键和重要支撑（蔡跃洲和付一夫，2017），其优点在于它采用相对客观的定量测算方法，能够较好地反映经济增长的效率、技术、结构等因素。

但随着环境污染问题的不断加剧，伴随经济增长的非期望产出逐渐受到了学界的重视。利用综合考虑了资源环境约束和经济增长的绿色全要素生产率来表征经济发展质量的方法受到许多学者的青睐。卞元超，吴利华和白俊红（2019），黄庆华，时培豪和胡江峰（2020），余泳泽，杨晓章和张少辉（2019），吴传清和邓明亮（2019）等将废水、废气和固体废弃物排放量等环境污染变量作为非期望产出，采用考虑环境因素的绿色全要素生产率作为经济高质量发展的综合测度指标。

除此之外，学者们常用的方法还有投入产出率、增长价值率、劳动生产率等效率方法（唐毅南，2014），如有一些学者利用技术进步对经济增长的贡献率（徐现祥，李书娟，王贤彬等，2018）、福利碳排放强度（肖周燕，2019）、劳动生产率（陈诗一和陈登科，2018）、投入产出率（沈坤荣和傅元海，2010）等单一指标来衡量经济高质量发展水平（聂长飞和简新华，2020）；同样，有部分学者采用增加值率来衡量经济质量增长，如沈利生，王恒（2006）认为增加值率能够从总体上度量一个经济体投入产出效益，但范金，姜卫民和刘瑞翔（2017）认为采用增加值率来评价经济增长质量应该考虑增加值率门槛上限。

总体来说，单一指标方法虽然有其存在的合理性，但其难以反映经济高质量发展的多维性特征，在可行性和合理性方面存在一定片面性（魏敏和李书昊，2018b；袁晓玲，王军和张江洋，2022），因此单一指标法受到了一些学者的质疑（郑玉歆，2007；金碚，2018）。

（二）指标评价体系法

1. 指标选取依据

鉴于单一指标法在表征经济增长质量方面的不足，有不少学者通过构建综合指标评价体系来衡量经济增长质量。学者们根据不同的经济发展质量的内涵，结合不同地区的实际情况以及数据的可获得性，从不同的视角对经济发展质量进行研究，构建了各有特色的经济增长质量评价指标体系。现有大量研究基于不同的分析视角对经济增长质量进行评价，指标评价体系的分析视角丰富多样、测度指标各具特色，概况来说主要从以下几个角度来进行指标体系构建。

从经济发展角度，学者们最初的研究较多集中在对经济发展水平的测度，大多数是关注经济结构和效率，以及经济发展的潜力。部分学者在构建评价体系时着重强调经济发展的特性，如王靖华和李鑫（2018）任保平和文丰安（2018）、钟太刚（2019）从发展的平衡性、协调性、可持续性、创新性、有效性、稳定性等角度来设计评价指标；冷崇总（2008）构建了包含充分性、协调性、有效性、创新性、持续性、稳定性和分析性的经济发展质量的综合评价指标；何伟（2013）从有效性、协调性、创新性、持续性、分享性和稳定性方面构建区域经济发展质量指标；宋耀辉（2017）从经济增长的有效性、稳定性、持续性、福利性四个维度展开分析陕西经济发展质量；童纪新和王青青（2018）从规模性、协调性、开放性和共享性四个维度构建各城市的经济发展质量指数；肖红叶和李腊生（1998）则从稳定性、持续性、协调性好增长潜能四个方面衡量经济增长质量；许思雨和薛鹏（2019）从经济增长的结构、效率、稳定性和持续性这四个维度来考察中国各地区的经济增长质量。更有学者在考虑经济特性的基础上附加考虑了如创新、科技等的社会可持续发展能力，如刘晓玲（2013）从开放型经济的视角出发，从发展的稳定性、经济结构、经济持续发展能力、创新水平等方面构建经济发展质量指标；文兼武和余芳东（1998）分别从经济结构、生产效率、科技水平、可持续发展等方面衡量经济增长质量。此外，还有学者着重考虑了增长率、经济结构、产出效率以及经济稳定性等影响因素，如 Frolov，Kremen & Ohol（2015）将人均发展指数和年均生产率增长率相结合建立了经济增长质量评价指标体系。Qi（2016）构建了涵盖规模、绩效、结构和协调的经济增长质量测度体系，任保平和李禹墨（2018）强调高质量发展的指标体系应关注结构的协调性、质量效益、新动能发展等指标。赵英才，张纯洪和刘海英（2006）从产出效率、产出消耗、产品质量、经济运行质量和生存环境质量五个方面构造了经济增长质量评价指标体系。Huang（2012）、刘亚雪，田成诗和程立燕（2020）认为不能忽视经济稳定发展指标。

从理论政策角度，经济增长质量的测度指标的构建多从与国家理论政策密切相关的角度构建。以“五大发展理念”为逻辑依据，部分学者认为高质量发展是“创新、协调、绿色、开放、共享”发展理念的延续，评价指标的设计大多以“五大理念”为评价的参考标准（魏敏和李书昊，2018b；任保平，2018a，2018b；金碚，2018；詹新宇和崔培培，2016），量化了中国经济增长的质量水平；李豫新和王振宇（2017）从安全、开放、协调和共享四个方面衡量经济发展质量。为把握“新常态”下的新理念与新要求，魏敏和李书昊（2018a）从动力机制转变、经济结构优化、开放稳定共享、生态环境和谐和人民生活幸福 5 个方面构建适用于新常态的经济增长质量综合评价体系。为充分分析“新时代”的经济发展特色，魏敏和李书昊（2018b）构建的经济高质量发展水平测度体系涵盖了经济结构优化、创新驱动发展、资源配置高效、市场机制完善、经济增长稳定、区域协调共享、产品服务优质、基础设施完善、生态文明建设和经济成果惠民。随着中国社会矛盾的转变，学者们也更多地关注百姓民生、社保福利、医疗保健、基础设施等因素，如任保平和李禹墨（2018）将城市基建、医疗保健、教育养老等纳入经济高质量发展评价体系中。此外，还有学者增加了产品服务优质、基础设施完善（张震和刘雪梦，2019）和经济成果惠民等因素（魏敏和李书昊，2018b）。

从经济、社会和生态角度，经济发展质量评价体系研究经历了最初的侧重经济发展视角、到侧重经济与社会发展并重、再到侧重经济、社会和生态多维协调发展的过程。随着研究的进一步深入，学者们不断拓展经济—社会—生态发展的覆盖范围，将民生福利改善、发展动能等因素纳入衡量体系，更加侧重经济全面发展的质量提升。有不少学者从经济基本面、社会成果和生态发展三个方面协调发展来测度经济高质量发展水平，如联合国（2000）认为发展质量包括经济、社会和生态三个方面，认为一个国家的发展质量水平具体体现在消除贫困、教育发展、降低死亡率、环境可持续以及国际经济合作方面；徐瑞慧（2018）基于 IMF 对增长质量指数的研究，从经济增长基本面、社会发展和环境保护三个方面综合衡量发展质量；钞小静，薛志欣（2018）测算经济指数、社会指数、自然指数构建经济发展质量指数衡量各系统之间的协调发展状况；师博（2018）提出从发展的基本面、发展的社会成果、发展的生态成果三个维度来评价经济高质量发展；张冰瑶（2019），师博和张冰瑶（2019）从发展基本面、发展社会成果和发展生态成果三个维度构建经济高质量发展指标体系；邓琰如和秦广科（2020）构建的经济高质量发展水平综合评价指标体系不仅包含经济规模、增速等关于经济增长的指标，同时侧重于绿色发展、居民生活等方面的度量。总体而言，经济发展离不开经济、社会与自然三个系统之间相互协调。

从多维协调的角度，随着学者们对经济增长质量内涵认知的不断深入，从多维协调发展的视角来衡量经济增长质量已成为共识。一些学者认为经济增长质量不仅体现在经济增长的效率和稳定性，还应体现经济增长方式的可持续性、增长结构的协调性和增长效益的和谐性（陶静和胡雪萍，2019）；还有一些学者认为应包括社会福利和生态环境质量的提升。如许永兵（2013）构建了包含经济的稳定性、社会总需求、经济结构、社会总需求、科技进步、资源环境和民生改善等方面的经济发展质量评价指标体系；彭文斌和文泽宙（2019）选取数量增长、发展动力、资源环境、经济结构、社会发展五个层面的指标构建综合评价体系来衡量经济发展质量水平；张怡康（2018）提出高质量发展的指标体系应包含经济活力、创新驱动、产业升级、绿色发展以及共享发展五大维度；林兆木（2018）认为经济高质量发展应从商品和服务质量、投入和产出效率、经济效益、创新发展、绿色发展等多维度来进行衡量；师博和韩雪莹（2020）、师博和任保平（2018）在 Mlachila，Tapsoba & Tapsoba（2014）研究的基础上，从经济发展的基本面（包括发展的强度、稳定性、外向性和竞争性）和发展的社会生态成果（包括社会福利成果、社会创新成果和生态发展成果）两大方面测度了经济高质量发展水平；王雅林和何明升（1997）提出用经济水平、发展持续度、发展协调度、发展目标、发展集约度这五个方面的指标来综合评价经济发展质量；冷崇总（2008）认为经济发展质量是经济内部以及经济与社会之间的协调状态；钞小静和惠康（2009），钞小静和任保平（2011）从经济增长的结构、稳定性、福利变化和成果分配、资源利用和生态环境代价四个维度来综合衡量经济增长质量；Barro（2002）认为经济增长质量包含预期寿命、生育率、环境条件、收入公平性、政治制度和宗教信仰等方面；李变花（2004）构建了由经济增长、经济效益、经济结构、技术进步、环境保护、竞争能力、人民生活、经济稳定组成的经济增长质量指标体系；2014 年，国际货币基金组织（International Monetary Fund，IMF）从经济基本面（强度、稳定性、外向性、多样性）和社会发展（卫生、教育）两个维度构建了一个增长质量指数（Quality of Growth Index，QGI）来衡量经济增长的质量（安树军，2019）。殷醒民（2018）将人力资本、科技创新、资源配置、资金效率等驱动因素纳入经济高质量发展的体系中；马茹，罗晖，王宏伟等（2019）从高质量供给、高质量需求、发展效率、经济运行和对外开放五个方面构建中国经济高质量发展评价指标体系。此外，经济高质量发展离不开"唯 GDP 论"的评判标准的改变，正确政绩观念、公平高效的政绩考核体系有助于推动高质量发展。但是较少有学者将政绩考核纳入指标体系中，任保平，李禹墨（2018）从质量发展的指标体系、标准体系和政绩考核体系等六大体系出发构建高质量发展的评价指标体系。任海军和崔婧（2022）通过构建包含经济基本面、生态环境、教育水平、就业质量、医疗水平、城市建设和城乡协调发展的评价体系，对 2018 年中国省域经济高质量发展水平进行测度。

综上可以发现，综合指标体系评价方法因能够避免选取单一指标的局限性而受到较多学者的青睐，且指标的内容选取日益全面，通过构建评价体系综合反映经济发展质量水平相对单一指标法更具有综合性和系统性。以上研究中所涉及的经济、社会、生态、民生等领域的质效提升为经济高质量发展水平的测度提供了重要参考。总而言之，在萌芽阶段，经济增长质量测度方法的评价视角丰富多样、测度指标各具特色，受到学者们的普遍认可。但由于其指标选取的角度和侧重点不同，使不同指标体系的测算结果具有差异性，因此，经济高质量发展的测度方法仍存在一定争议。国内关于测度经济高质量发展尚未形成统一而权威的评价指标体系。

2. 指标赋权方法

在指标权重设计方面，常用的方法有两大类：一类是主观赋权法，常见的是层次分析法（刘帅，2020）。但是这一方法需要研究者依据对各指标重视程度的认知进行赋权，评价结果相对主观（聂长飞和简新华，2020）；另一类是客观赋权法，较为常见的有主成分分析法（李子联和王爱民，2019）、均等权重法（师博和任保平，2018；马茹，罗晖，王宏伟等，2019）、因子分析法（童纪新和王青青，2018；魏蓉蓉，2019）、熵值法（黄顺春和何永保，2018；魏敏和李书昊，2018b）。虽然以上方法有其适用性与合理性，但也存在一些问题。例如，层次分析法需要研究者依据对各指标重视程度的认识进行赋权，评价结果相对主观；主成分分析法因其降维时可能会导致原始变量的经济含义丢失，且指标过多会影响其测评结果的准确性而受到批判（师博和张冰瑶，2019）；均等权重法赋值虽然简单、透明，但采用均等权重无法体现各个指标的重要程度；因子分析法虽然能够将大量数据简化为对因子项的分析，但该方法的适用性对数据量和成分有一定要求；熵值法依赖于客观数据本身，更加适用于静态评价问题（肖祎平，杨艳琳和宋彦，2018）。总体来说，单独使用主观赋权法或者客观赋权法都有一定的利弊，将主观赋权法、客观赋权法相结合是未来研究的趋势（张震和刘雪梦，2019）。

（三）研究主体选择

在研究主体方面，首先，目前大多数研究主要是在宏观层面的，侧重于对省级层面的区域研究（师博和任保平，2018）；此外，一些学者跟随国家重点区域发展战略，研究如长江经济带（吴传清和邓明亮，2019；黄庆华，时培豪和胡江峰，2020）、京津冀地区（李莉和姜阀，2019）等重点区域的经济高质量发展水平；随着研究的深入，也有学者开始将研究重点转向地级市（师博和张冰瑶，2019）、县域经济（王振华，孙学涛，李萌萌等，2019）以及对某个城市的研究（杨新洪，2017；黄庆华，时培豪和刘晗，2019）。其次，有少量学者从中观层面研究经济高质量发展，主要涉及的领域有制造业（张文会，乔宝华，2018）、生产性服务业（邓琰如和秦广科，2020）高新技术产业（马昱，邱菀华和王昕宇，2020）等。再者，较少有学者从微观角度来研究经济高质量发展的测度，虽然有学者开始研究不同行业的经济高质量发展，但是对结构合理的产业系统和梯度合理的地区差异相关研究十分匮乏。已有研究主要是从企业的宏观运营环境转型升级（侯艺，2018）或者从企业的产品服务、管理绩效、社会声誉角度（黄速建，肖红军和王欣，2018）来体现高质量发展的标准在微观方面，主要体现在产品和服务的质量以及品牌的系统化（任保平和李禹墨，2018），然而相关研究比较缺乏。

四、经济高质量发展新动能探究

动能是内嵌于经济系统运行的动力源泉，路径则是经济系统运行所需的长远发展战略。新时代中国经济高质量发展的动能机制应以追求人民美好生活向往和经济持续健康发展为目标，逐渐摆脱对原有路径的依赖，寻找提升路径以解决旧路径发展带来的痛点。

（一）供给侧结构性改革

纵观相关研究文献，供给侧结构性改革作为经济高质量发展的动能，主要从人力资本投入、金融供给以及创新驱动三个视角开展研究。

一是人力资本投入需要侧重于高水平人才的投入。面对人口红利降低的现实，在高质量发展的过程中应注重高质量人才体系建设。沈坤荣，赵倩（2020）提出中国高水平育才、识才、聚才、用才体系是促进人力资本结构朝高级化调整的重要动力，应充分发挥人才红利。景维民，王瑶（2019）发现人力资本结构高级化可通过促进技术升级的结果来推动经济高质量发展。马茹，张静（2019）得出科技人才可以促进全要素生产率提升，对于推动中国经济高质量发展的潜力仍待继续释放。

二是金融供给通过金融规模和结构两方面推动经济高质量发展。高质量发展更应注重防范金融风险，不能盲目扩张金融规模，金融结构改革则应脱虚向实，匹配实体经济的最优产业结构（林毅夫，2019）。汪宗顺，郑军和汪发元（2019）证实金融规模是促进经济高质量发展的贡献因素，应正确引导金融投放的方位，合理把控金融发展规模。林毅夫和付才辉（2019）则指出金融创新要依靠金融结构改革和金融精准来驱动经济高质量发展。此外，徐盈之和童皓月（2019）从金融包容性的角度，发现金融包容性环境建设是经济高质量发展的必要动力。

三是创新驱动是人力资本和金融改革发展为高质量形态的媒介。相较于以往依赖低水平人力资本投入和不合理的金融状态，创新能够在经济发展过程中升级人力资本和物质资本，助推经济提质增速。国内学者从两个视角对创新驱动进行研究：（1）从创新驱动直接作用于经济高质量发展来看，肖仁桥和沈路（2020）发现科技研发阶段创新指数与经济高质量发展水平具有

“U”形关系，成果转化阶段创新助力于提升经济高质量发展水平。赵丽霞和阿拉腾额古乐（2019）发现创新产出能力决定了高质量发展基础；（2）从创新间接作用于经济高质量来看：学者们主要是运用技术知识创新升级投入要素（蓝乐琴和黄让，2019）、重视区域创新基础条件改善和制度创新能力提高（刘和东和刘童，2019）、发挥财政模式创新（王雄飞和李香菊，2018）来间接驱动经济高质量发展。

（二）内需侧改革

目前内需侧改革对高质量发展影响的相关文献研究较少，主要侧重于对消费结构和新型消费的研究。中国的消费结构正从生存型、价格驱动型消费向发展型和品质型消费升级，其中对于公共消费需求、服务型消费需求和新型消费需求全面快速增长（周振华，2018）。一方面，在对消费结构的研究中发现，消费结构升级能够促进经济高质量发展。王洪亮和沈妍（2019）通过划分基础型消费和享受型消费，构建适度消费系数，发现适度消费系数的变动与经济的长期增长趋势存在倒“U”形曲线关系。而陈冲和吴炜聪（2019）认为消费结构在跨过门槛后，消费结构升级对经济高质量发展的驱动效应进一步凸显；另一方面，适应经济高质量发展产生的新型消费是内需侧改革的重要方向，可划分为文化消费、旅游消费以及“宅经济”引领的消费，其中安乾（2019），张梅（2019）均认为文化消费对经济发展具有正向作用，且张梅（2019）发现跨过门槛后的文化消费高级阶段具有更强劲的推动力；许先普和陈天鑫（2019）提出旅游消费通过推动区域均衡发展以促进经济高质量发展，且国内旅游消费的推动作用更大；齐骥和陆梓欣（2020）则发现居民“宅经济”下的消费需求能够带来巨大的经济发展潜能。

（三）经济结构改革

经济增长的过程伴随着经济结构的转型升级，经济结构改革对推动经济高质量发展具有重要作用（李佐军，2017），此阶段的结构优化体现在三个方面：一是在新型工业化方面，人工智能产业通过释放技术外溢效应，推动传统产业向高级智能产业升级，促进经济向创新、协调、绿色发展转型，满足经济高质量发展的新理念（师博，2019）。荆文君（2019），郭晗（2020）均认为数字经济的发展通过提供与现代化经济体系更好地匹配机制，与实体经济相融合，以提高经济的均衡水平，促进高质量发展。二是在新型城镇化方面，姜安印（2020）认为新型城镇化建设借助要素驱动提高全要素生产率，成为城市经济高质量增长的驱动力；赵倩（2018），王青（2020）认为城市群建设能够促进经济高质量发展，且城市群分工越显著驱动力更强。三是在国际化方面，一则体现在出口上，中国经济结构逐渐告别出口导向型的发展模式，提高对发达国家技术获取型直接投资，利于推动经济增长动力转换（潘素昆，王跃生，2018）；二则体现在进口上，主要从改善进口便利化条件（戴翔，2019）、优化进口结构（颛孙书勤，2019）推动经济高质量发展。

综上，经济高质量发展以供给侧结构性改革、内需侧改革、经济结构改革作为发展动力，三者构建联动互通的动能体系，共同推动经济趋向高质量发展。

五、经济高质量发展的政策路径研究

依据粘性理论，中国从经济高速增长转向经济高质量发展的过程必然存在由于路径依赖、黏滞信息、政府约束等原因带来的路径粘性问题（杜人淮，2019）。顺利实现经济向高质量转化，不可避免地要解决路径粘性问题。高质量发展的路径以新发展理念为指导，致力于解决经济发展遗留问题，构建高质量现代化经济体系。基于已有研究，本书将从宏观、中观、微观三个层面进行全面的可实现路径探讨。

（一）宏观层面

经济高质量发展要求合理高效的宏观把控，意味着做好制度供给是前提保障，实现效率提升是核心要求，保证经济开放是发展动力。基于现有研究成果，本书从全要素生产率、制度与机制改革和经济开放三种视角对高质量发展的提升路径进行探寻。

一是全要素生产率提升。技术进步和要素配置效率提升是影响全要素生产率的两大主要因素。因此，通过加大研发投入、技术引进以及提高科技人才待遇推动技术进步，发挥高级生产要素在配置中的主导作用，实施提升全要素生产率路径，引导经济走向高质量发展（徐鹏杰，2019；周振华，2018；王启超，2020）。

二是制度与机制改革。如表 2－2 所示，通过财税制度、市场机制、企业所有制，产权制度、收入分配制度五个方面改革。其中在财税制度改革方面研究成果较多，主要分为三条路径实现：政府支出行为规划、税收体系改革、财政分权制度改革。

表 2-2　　制度与机制改革相关研究

分类	代表文献	核心观点
财税制度	刘金全，张龙（2019） 杨志安，邱国庆（2019）	从政府支出行为规划入手，采取提高教科研支出、降低投资性支出和营业税为主，以降低一般公共服务支出和所得税为辅的方式；加强约束地方政府扩张性支出行为
	闫坤，张鹏（2019） 李香菊，杨欢（2019） 刘尚希，樊轶侠（2019）	从税收体系改革入手，完善间接税制度，创新直接税制度，优化税收收入分配体制，健全地方税体系，改善税收收入制度与税收征管制度的匹配性，构建提高经济质量导向的财政体系
	江红莉，蒋鹏程（2019） 侯世英，宋良荣（2020）	从财政分权制度改革入手，通过中央政府引导，约束地方财政支出偏好，建立科学责权划分机制，依据各地经济质量转型结构将财政分权与政府行为进行合理高效匹配
市场机制	郭占恒（2018） 王娟娟（2020） 戴翔（2019） 金碚（2018）	从市场机制改革入手，构建各领域，尤其是特殊领域的有效市场交易制度。这包括营造良好的营商环境，保护企业家的合法权益，并支持民营企业的发展，以激发市场活力。同时，可以创新对接“一带一路”市场机制，构建跨领域的产业链，推动设施的联通，促进区域间的经济合作与发展
企业所有制	廖直东，代法涛（2019）	从企业所有制改革入手，改革混合所有制经济，提升国有独资企业的创新效率，释放外商投资企业的经济效益，激发各类企业的发展潜能
产权制度	卢现祥（2020） 戴翔（2019） 金碚（2018）	从产权制度改革入手，构建产权边界明确、安全可靠、权能有效、交易便利的产权制度，将资源最优配置与经济社会的激励结构结合，加强知识产权保护，明晰产权属性，建立正规所有权制度
收入分配制度	罗楚亮（2019） 江剑平（2019）	从收入分配制度改革入手，高质量收入分配体系需要通过高质量充分就业，激励劳动者创造新增价值，联合处理价值实现与分配，通过公共服务均等化缩小收入差距，对再分配机制改革实现高质量分配

三是高水平开放推动高质量发展。首先，在探索高水平开放引领高质量发展的路径中，通过提升金融体系、实体经济体系、区域经济体系、国际经济治理体系领域的开放水平，构建高质量对外开放的完整经济体系（高建昆，2019）；其次，国内经济开放市场建设要构建高度自由化的经济发展机制，不断扩大国际贸易合作空间，提高投资质量，在高质量竞争过程中做好高等级经济风险防控，努力站位全球价值链高端（胡海峰，2020）；最后，国际全方位经济高质量开放应从激发进口潜力、放宽市场准入、优化营商环境、扩大多边合作、增强全球经济治理能力五个方面提升中国在全球经济高质量开放的新格局（梁琳，2019）。

（二）中观层面

从中观层面来看，产业结构合理化高级化调整是经济高质量发展的重要路径（王桂军，张辉，2020）。产业结构调整主要集中于制造业、服务业、文化产业和环保产业。（1）制造业转型升级的路径实施需通过品牌、技术、营销三大层面提供高品质产品，联合“互联网+”发展模式，提升制造业生产效率，引领经济提质增效。（张永恒，2019；周楠，2020）；（2）生产性服务业与制造业有着密切联系，生产性服务业是制造业对其服务功能细化之后的外包。中国在经济高质量发展阶段的实施路径，要大力发展生产性服务业，在优化服务业的同时强化制造业，避免产业结构“虚高化”，找准与经济质量水平相匹配的产业高度，通过引导产业结构合理化推进经济高质量发展（吴爱东，2019；王桂军，2020；张永恒，2019）；（3）新时代文化强国更加注重文化产业发展，在此方向的路径实施要通过扩大中高端文化供给，推动新型文化业态培育和文化产业结构调整，促进文化产业拉动经济高质量发展（刘宇，2019；郑自立，2019）；（4）绿色发展理念下的路径，必然要大力发展环保产业，通过政策补贴、环境规制和法律手段等促使企业生产清洁化，在提升环境质量的同时，促进产业结构转型，引导绿色经济发展（万光彩，2019；袁晓玲，2019）。

（三）微观层面

在探索企业为经济提质增效的路径上，学者们主要在企业对外投资、企业品牌、企业技术创新、企业运营视角展开研究。曹献飞，裴平（2019）提出企业 OFDI 通过化解当下产能过剩，提升企业经营效益，进而推动产能治理引导经济向高质量发展。而周新德，余柳仪（2019）从企业品牌视角研究指出，加强企业文化内涵建设以培育品牌构建能力，从而提升市场知名度和消费者对企业自主品牌认知度，扩大中国自主品牌消费，建设“品牌强国”。张路，何凌云（2020）从企业技术创新视角指出，工业企业通过加入技术创新能力和行业内聚效应后将激发其生产经营活力，加大对经济质量的提升作用。戴国宝，王雅秋（2019）从企业运营视角提出，通过规范企业业务系统，创新企业商业模式，把握企业核心资源，加强校企合作，促进企业实现透明开放高质量运营，提高企业运营效率，助力经济步入高质量发展路径。

综上，经济高质量发展路径全面体现出新发展理念，宏观层面依靠创新提升全要素生产率保证经济持续增长，通过完善制度体系协调经济要素的走向与配置，推动经济发展实现成果共享，以高水平对外开放提升中国在世界经济中的主导地位；中观层面依靠产业结构升级，使环保产业推进绿色经济发展；企业通过对外投资、技术创新、创建自主品牌提升企业生产效益，走好微观层面的开放创新绿色发展路径。

第三节　环境规制影响经济高质量发展相关研究

环境规制与经济高质量发展的研究主要集中在二者的关系形式以及作用机制上。因此，本书从环境规制对经济高质量发展的影响效应以及作用机制两个角度对相关研究进行梳理与总结。

一、环境规制对经济高质量发展的影响效应

学者们研究环境规制对经济高质量发展的影响是始于对环境规制与全要素生产率（原毅军和谢荣辉，2016；申晨，贾妮莎和李炫榆，2017）、绿色全要素生产率（蔡乌赶和周小亮，2017；黄庆华，胡江峰和陈习定，2018）、绿色经济效率（钱争鸣和刘晓晨，2015；张英浩，陈江龙和程钰，2018）的研究。当前，不同学者就环境规制能否促进经济高质量发展的研究存在一定争论，认为二者之间的关系研究主要有以下四种观点：一是促进关系。支持

该观点主要是基于“创新补偿”假说。认为设计合理的环境规制可以激励企业改进技术水平，部分或者全部抵消由环境规制引致的额外成本，从而提升企业竞争力（Porter & Van der Linde，1995；刘传江和赵晓梦，2017）。王群勇和陆凤芝（2018）根据中国省级面板数据，运用系统 GMM 模型得出了环境规制显著促进经济高质量发展的结论。高志刚、丁煜莹和杨柳（2022）基于地级市数据，使用固定效应回归，也认为环境规制可以直接促进经济高质量发展。二是抑制关系。主要是支持“遵循成本”（Levinsohn & Petrin，2003；原毅军和谢荣辉，2014）和“逐底竞争”假说（Konisky，2007；赵霄伟，2014）。涂正革等（2019）认为，中国目前环境规制还没有起到促进经济高质量发展的作用，需要提高环境执法力度才能达到预期的效果。三是非线性关系。支持该观点的研究发现环境规制对经济高质量发展的影响不是线性的。孙英杰和林春（2018）、武云亮、钱嘉兢和张廷海（2021）分别基于省级和地级市面板数据研究发现，环境规制与经济高质量发展之间存在倒“U”形的关系，当前中国环境规制强度的增加仍可以促进经济高质量发展，相似的研究还有李光勤，刘莉（2018），发现全国层面的环境规制与经济增长质量呈现倒“U”形关系。除此之外，何兴邦（2018）研究发现，环境规制对经济增长质量存在门槛效应，只有跨越门槛，环境规制对经济增长质量才能起促进作用。还有学者研究发现短期内，政府减排政策对绿色全要素生产率的影响具有时效性（黄庆华，胡江峰和陈习定，2018）。四是双向动态关系。黄庆华，胡江峰和陈习定（2018）通过 PVAR 模型实证检验污染排放强度和污染减排成本与绿色全要素生产率之间的双向动态关系。

总体来说，已有研究多数表明环境规制可以促进经济高质量发展，但也有学者认为持有不同的观点，不同学者基于不同层次的研究样本探究环境规制对经济高质量发展的影响，并得出了不尽相同的结论。然而，上述学者大多只考虑了由政府主导的正式环境规制，或将不同类型的环境规制综合成一个指标进行研究，但也有学者对环境规制的类型做出区分，分别探究不同类型的环境规制对经济发展质量的影响。冯志军，陈伟和杨朝均（2017）将环境规制划分为市场型、行政型、公众参与型，发现不同类型的环境规制对绿色经济增长的效应存在区域差异。穆献中，周文韬和胡广文（2022）将环境规制分为正式环境规制以及非正式环境规制两类，指出正式环境规制与经济质量的提升正相关，而非正式环境规制对经济高质量发展的影响却呈现“先抑制、后促进”的“U”形趋势；李瑞前和张劲松（2020）则将更为全面地将环境规制分为命令型、市场型、非正式型三类，并指出各类环境规制指数对经济高质量发展的影响均呈现倒“U”形，其中，命令型环境规制具有明显的滞后性，市场型环境规制随着滞后时长的延长而减弱，非正式型环境规制则会随着滞后时长的延长而增强。可见，分类型环境规制指数与环境规制综合指数对经济高质量发展的影响趋势表现出一定的差异，因此本书认为，立足于不同类型的环境规制，分别探究其对经济高质量发展的影响具有重要意义。

二、环境规制对经济高质量发展的作用机制

学者们主要从以下几个方面来研究环境规制对经济高质量发展的作用机制。

（一）基于结构优化视角

环境规制与产业结构优化。主要从产业结构升级与产业结构调整两个角度探讨环境规制对产业结构优化的“倒逼效应”（徐开军和原毅军，2014）；安孟、张诚和朱冠平（2021）、弓媛媛和周俊杰（2021）都研究了环境规制、产业结构优化与高质量发展的关系。其中，安孟、张诚和朱冠平（2021）通过中介效应模型，验证了产业结构升级可以作为环境规制促进经济高质量发展的中间作用渠道；弓媛媛和周俊杰（2021）则通过门槛效应模型，认为在产业结构作为门槛变量时，环境规制与经济高质量发展之间呈现倒“U”形关系。

产业结构优化与绿色经济增长。产业结构优化通过“倒逼减排”（于斌斌，2016）和“结构红利”（Peneder，2003；钟茂初，李梦洁和杜威剑，2015；李强，2013）对经济增长和生态环境效益改善的角度进行研究。

环境规制与产业结构的交互作用。武建新和胡建辉（2018）探讨了环境规制和产业结构调整对绿色经济增长的影响，研究发现产业结构高级化和行政化环境规制间的交互作用对中国的绿色经济增长只存在直接促进影响而不存在间接效应。

（二）基于创新驱动视角

Li & Ramanathan（2016），何玉梅和罗巧（2018）均证实环境规制确实

能够通过促进技术革新达到提高全要素生产率的结果。相似地，冯志军，陈伟，杨朝均（2017）考察了不同类型的环境规制、创新驱动及两者的交互项对绿色全要素生产率的影响，环境规制与创新驱动在促进中国经济绿色增长方面显示出一定的协同效应。武云亮、钱嘉兢和张廷海（2021）、王旭霞、雷汉云和王珊珊（2022）以及王斌会和伍桑妮（2022）都验证了技术创新作为中间变量的作用效果。其中，武云亮、钱嘉兢和张廷海（2021）运用中介效应模型，认为环境规制是通过激发企业进行绿色技术创新而推动了地区经济高质量发展的；王旭霞、雷汉云和王珊珊（2022）以技术创新为调节变量，认为技术创新能够补充环境规制对绿色经济高质量发展水平的促进作用；王斌会和伍桑妮（2022）则以绿色技术创新和环境规制的耦合协调度作为分类标准，认为在协调度较高的地区，环境规制可以促进绿色技术创新水平提高，而绿色技术创新又能够促进经济发展质量的提高。

（三）基于低碳减排视角

高志刚和李明蕊（2021）认为能源效率在环境规制促进高质量发展的过程中起到正向调节作用；禹久泓和武传浩（2022）将碳减排作为环境规制促进高质量发展的中介变量。胡雪萍、乐冬（2022）通过构建动态面板模型，验证了“环境规制可以提高农业全要素生产率”这一结论；范丹、付嘉为和王维国（2022）以具体的环境规制政策——碳排放权交易制度为研究对象，运用双重差分法论证了该政策对企业全要素生产率的促进作用。夏凉、朱莲美和王晓栋（2021）则研究了环境规制对绿色全要素生产率的影响，通过运用系统GMM模型得出结论：市场激励型环境规制有助于提高绿色全要素生产率。

（四）基于其他机制视角

除产业结构、技术创新和节能减排因素之外，也有部分学者探究了其他因素对环境规制促进经济高质量发展的影响。有学者从对外开放（景维民和张璐，2014）、要素投入结构（童健，刘伟和薛景，2016）、财政分权（李光勤和刘莉，2018）、人力资本积累（周杰琦和梁文光，2020）等方面研究环境规制提升经济增长质量的间接效应。除此之外，转变经济发展方式不仅注重突出经济领域中“数量”的变化，更强调和追求经济运行中“质量”的提升和“结构”的优化（蒋志华，李庆子和李瑞娟，2010），也是提升经济高质量发展的重要方式。

第四节　相关研究评述

虽然已有研究关于环境保护与经济增长、环境规制与经济增长质量的研究为本书的展开提供了丰富的研究基础。但已有研究仍存在以下不足：一是对经济高质量发展的内涵、测度的研究大多尚停留在对中央文件精神的解读上，还没有完整的分析框架，缺乏全面深入的学术性研究，且缺乏从理论层面深入分析经济高质量发展的作用机制。二是经济高质量发展的测度方法仍存在一定争议。单一指标评价法的指标选取比较单一；虽然指标的内容选取日益全面，体现经济、社会、生态等多维协调发展，但由于指标选取的视角缺少理论支撑，致使同类指标重复，过程指标与结果指标混乱，指标的选取无法体现当前经济发展阶段的特征，数据标准化处理及指标赋权偏主观且差异大，尚未形成统一而权威的体系；此外，数据标准化处理及指标赋权的方法偏主观且差异大。三是现有研究大多从环境规制视角研究经济增长质量，且呈现静态、单向维度的特征，鲜有学者研究环境规制与经济高质量发展的作用机制，尤其是对环境规制如何影响经济高质量发展的中间效应的研究甚为缺乏；或虽有研究，但已有研究中对作用机制的研究多集中于实证检验产业结构、技术创新等作为中介变量的影响效应，未能全面地体现出环境规制影响经济高质量发展的传导机制。四是在研究设计方面，大多数研究所提出的政策建议与其理论和实证研究脱节。本书从“经济—生态—社会”维度，将“方式转变、结构优化、动能转换”这一主线贯穿整个理论、实证和政策路径研究，使研究具有内在逻辑统一性。五是在新动能及路径的探寻中，现有新动能视角不够全面，仍需进一步探究促进经济高质量发展其他关键性新动能，尤其是针对不同地域经济发展状态的新动力；在提升路径上则缺乏全面综合的联动探究，尚未形成全盘清晰、系统的发展路径。

根据上述分析，本书提出了以下几个方面的改进措施：一是基于已有研究不断丰富经济高质量发展的内涵、理论基础以及影响机理，通过建立更加全面、深入的理论框架，进一步加深对经济高质量发展的认识，并深入探讨其影响机理。二是改善经济高质量发展的测度方法。本书重视经济发展的“质”，将经济增长所带来的非期望产出纳入经济高质量发展的核算中，采用非径向、非角度的基于松弛变量的超效率 SBM 方法，对经济高质量发展进行严谨的科学分析。三是系统研究环境规制促进经济高质量发展的作用机制。紧抓新发展阶段的新特点，锚定推动高质量发展的关键，即发展方式的转变、经济结构的优化、发展经济动能的转换。因此，本书从以上三个视角出发探究环境规制促进经济高质量发展的影响机制。

第五节　本章小结

本章系统地梳理了环境规制与经济高质量发展的相关研究，从环境规制的定义、内涵、测度方法，到经济高质量发展的研究热点、内涵界定、测度方法，以及对两者之间的影响关系和作用机制进行了全面的综述。其中，环境规制的测度方法多样，从单一指标到多指标评价体系，反映了其复杂性和多维性。经济高质量发展是新时代中国经济发展的核心要求，具有创新性、协调性、生态性、高效益等特征。其研究热点集中在结构性改革、全要素生产率、创新驱动等方面。测度方法包括单一指标法和指标评价体系法，但不同学者根据研究目的采用了不同的研究方法。此外，书中重点分析了环境规制对经济高质量发展的影响效应，指出相关研究结论存在“促进说”“抑制说”、非线性关系和双向动态关系等不同观点。在环境规制影响经济高质量发展的作用机制方面，研究主要从结构视角、创新视角、碳减排视角和生产效率提升视角进行探讨，揭示了环境规制通过促进技术创新、产业结构优化、碳减排和生产效率提升等途径影响经济高质量发展。尽管现有研究取得了一定进展，但仍存在不足，如对经济高质量发展内涵理解不够深入，测度方法缺乏统一标准，对环境规制与经济高质量发展作用机制的探讨不够全面，以及研究设计和政策建议脱节等问题。最后，本书提出研究改进，包括丰富经济高质量发展的内涵和理论基础、改善测度方法，系统研究环境规制的作用机制，以期为推动中国经济高质量发展提供更加科学、系统的理论支撑和政策建议。

第三章　环境规制影响经济高质量发展的相关理论研究

理论研究不仅是学术研究的基础和核心部分，也是推动知识进步、指导实践应用的重要工具。作为研究过程中不可或缺的重要环节，理论研究为理解环境规制影响经济高质量发展提供了系统的解释框架，从而更深入地理解研究对象的本质和规律，揭示现有知识体系中的不足和空白，还能够预测未观察到的情况，为后续章节的机理阐释、现状测度分析、实证检验、案例分析及政策建议奠定坚实的研究基础。本章从理论的角度探析环境规制如何影响经济高质量发展，将从生态保护相关理论、高质量发展相关理论和二者协同发展相关理论三个方面进行分析，以期为后续研究提供坚实的理论支撑。

第一节　环境规制相关理论

一、环境资源稀缺性

经济学意义上的稀缺，是指相对于既定时期或时点上的人类需要，资源是有限的。而资源的稀缺性是指在给定的时期内，其供给量相对于需求是不足的。经济学的稀缺是物理意义上的稀缺在特定经济关系中的具体体现。

20 世纪 60 年代以前，自然资源的稀缺性和环境恶化问题并未得到人们的关注，主要以马歇尔的思想占统治地位。尽管在这一时期出现了拉姆齐（F. Ramsay）的优化增长理论和哈罗德（Harold）对耗竭资源经济学的研究，但是这些观点基本与马歇尔的思想一致，否认绝对资源稀缺约束的可能性，认为经济上有用的自然资源的相对稀缺都能通过市场价格得到反映。20 世纪 60 年代初期，巴尼特（Barnett）和莫尔斯（Morse）提出关于环境资源稀缺性的理论，认为只有作为经济过程原材料和能源供应者这一功能的环境资源才具有稀缺性。这样，传统经济理论关于自然资源的定义通常局限于有经济价值的作为生产直接投入的那些环境资源，这些人们将工业生产的环境影响看成区别于资源利用和消耗的问题。

基于以上分析，环境资源对经济增长构成约束的传统资源稀缺性理论可以归结为两种基本观点：一是资源绝对稀缺性。即在可获取的自然资源存量的极限没有达到之前，环境质量是不变的，不存在边际成本上升和收益递减现象，环境资源的有限性构成了对经济发展的绝对约束，只有在达到极限时，资源的稀缺性影响才会在上升的成本中通过价格得到反映。二是资源的相对稀缺性。资源质量是变化的，不存在环境资源的绝对稀缺，仅有资源质量下降的相对稀缺。一旦物理性稀缺资源被转化为以价格变化形式反映的相对稀缺性时，经济系统就会自动通过寻求某种资源来替代这一相对稀缺自然资源的方式对价格信号做出反应。即不断上升的相对成本会刺激技术进步，导致经济质量更优越的替代性资源，经济增长可能使特定资源存量出现暂时的不断增加的相对性稀缺，但不会导致对经济增长的绝对约束。从总体上看，传统经济研究中对环境资源稀缺问题的长期影响持乐观态度。

到 20 世纪 60 年代末，随着人类活动对环境影响的深度和广度扩大，各种环境问题逐步暴露出来，人类逐渐认识到环境问题的实质在于人类索取资源的速度超过了资源及其替代品的再生速度，人类向环境排放废弃物的速度超过了环境的自净力。环境对于经济发展的制约作用令人们对工业革命给自然带来的影响及发达国家经济发展模式进行了反思，环境稀缺论应运而生。

环境稀缺论认为环境是一种稀缺资源，那么如何合理、持续地分配和利用环境资源是生态保护的重要依据。因此，环境资源稀缺理论要求各国家或地区的经济发展一定要处理好资源、环境与发展的关系，走可持续发展的道路。

二、可持续发展理念

20世纪中期以来，工业革命极大地促进了社会生产力的发展，科技进步日新月异，世界经济处于快速发展的繁荣期。然而，伴随财富激增和人民物质生活不断提高而来的还有人口激增、自然资源日趋短缺、生态环境不断恶化，人类社会面临着生存危机和经济能否持续的严峻挑战。人类开始反思工业革命以来的工业化发展面临的挑战，重新审视经济增长的方式是否环境友好，不断探索未来发展的道路。正是在这种背景下，可持续发展思想应运而生。可持续发展思想是人类经过实践探索和理性反思后在认识上的一次突破，根据可持续发展思想的产生、演进与发展的关键性事件，将现代可持续发展的研究大致分为四个阶段（如表3-1所示）。

表3-1　现代可持续发展思想的产生与发展

阶段	年份	个人与机构	主要内容	内容评价
萌芽阶段	1962	蕾切尔·卡逊	《寂静的春天》揭示环境污染对生态系统的影响	启蒙人类环境意识
	1966	肯尼思·艾瓦特·鲍尔丁	《即将到来的宇宙飞船地球经济学》：说明经济发展中生态问题的严重性	反思传统行为与观念
	1972	罗马俱乐部委托德内拉·梅多斯等	《增长的极限》：经济增长不可能无限持续下去，提出“零增长”的对策性方案	可持续发展思想的雏形
	1972	联合国人类环境会议（斯德哥尔摩）	通过《人类环境宣言》；首次把环境问题与发展联系起来，指出发达国家与发展中国家对环境资源问题承担共同责任	人类对环境与发展问题认识的里程碑
探索阶段	1980	联合国环境规划署、世界自然保护基金会、国际自然保护联盟	《世界自然保护大纲》：首次明确提出了“可持续发展”的概念	人类对环境问题的正式挑战
	1981	莱斯特·R.布朗	《建设一个持续发展的社会》	可持续发展理论框架初具雏形
	1987	联合国世界环境与发展委员会	《我们共同的未来》：正式给出“可持续发展”的经典定义	可持续发展的国际性宣言

续表

阶段	年份	个人与机构	主要内容	内容评价
深化阶段	1992	联合国环境与发展大会（又称“里约会议”或“地球首脑会议”）	通过《21 世纪议程》《里约环境与发展宣言》；签署《联合国气候变化框架公约》《关于森林问题的原则声明》《联合国生物多样性公约》	可持续发展得到了世界最广泛和最高级别的政治承诺
		世界银行	《1992 年世界发展报告：环境与发展》	探讨世界经济发展与环境之间的联系
	2000	联合国首脑会议	《联合国千年宣言》通过联合国千年发展目标；“确保环境的可持续能力”为八大目标之一	国际合作逐渐成熟
	2002	南非约翰内斯堡可持续发展会议	通过《约翰内斯堡可持续发展承诺》《可持续发展世界首脑会议执行计划》；审议《关于环境与发展的里约热内卢宣言》《21 世纪议程》	联合国迄今就可持续发展问题召开的规模最大的会议
	2006	尼古拉斯·斯特恩	《斯特恩报告：气候变化的经济学》	全球开始重视气候变化带来的威胁
	2012	联合国可持续发展大会（“里约+20”峰会）	《我们憧憬的未来》；重申“共同但有区别的责任”；成立联合国可持续发展高级别政治论坛①	开启了可持续发展的新里程
强化阶段	2015	联合国可持续发展高级别政治论坛	《千年发展目标 2015 年报告》评估全球和区域实现可持续发展目标的进展情况	可持续发展目标实现的实践保障
	2015	联合国可持续发展峰会	《改变我们的世界：2030 年可持续发展议程》	千年发展目标的继承与拓展
	2019	联合国	发布题为“现在就是未来：科学实现可持续发展目标”的《2019 年全球可持续发展报告》	可持续发展目标制定以来的首份报告
	2019	2030 年可持续发展目标峰会	通过了名为“为可持续发展行动与成就的十年做好准备”的政治宣言	按时实现可持续发展目标的保障

① 2012 年 6 月联合国可持续发展大会决定，成立联合国可持续发展高级别政治论坛，取代可持续发展委员会。论坛于 2013 年 9 月 24 日第 68 届联大一般性辩论期间正式启动。

续表

阶段	年份	个人与机构	主要内容	内容评价
强化阶段	2021	2021 年可持续发展论坛	主题为“以人为中心的可持续发展”启动了“碳达峰碳中和的中国战略与全球展望”项目	统筹国内外资源，助力落实碳达峰、碳中和战略目标
	2022	绿色可持续发展大会（2022）暨中欧可持续发展高层论坛	主题为“绿色化数字化协同转型与中国实践”，推动实施中欧绿色伙伴、数字合作伙伴的国际合作战略	多家机构在大会上共同发布了“绿色未来倡议”
	2023	第六届国际城市可持续发展高层论坛	主题为“绿色低碳引领城市转型发展”	交流国内外城市绿色低碳转型发展实践做法和创新经验，探讨城市可持续发展的最佳发展路径

（1）萌芽阶段（20 世纪 60 年代初至 70 年代末）

在萌芽阶段，人们开始对传统行为与观念进行反思，认识到资源环境问题的现实性和紧迫性。但该阶段主要是以一些学者的学术研究与呼吁为代表，还停留在对可持续发展思想的启蒙和认知阶段，并未明确地提出或形成可持续发展的系统理论和行动纲领。雷切尔·卡逊在 1962 年出版的《寂静的春天》被认为是早期最著名的可持续发展著作。但是，引起全世界关注和重视的文献是梅多斯等在 1972 年为罗马俱乐部撰写的研究报告《增长的极限》。报告指出，如果不对当前这种增长趋势加以控制，人类社会在 2100 年以前的某个时间将会崩溃。因此，梅多斯的世界模型被称为“世界末日模型”。虽然《增长的极限》的结论过于悲观，但其所提出的“零增长方案”在现实中难以推行，但该报告的发表在全球学术界和政界引起了前所未有的轰动，是可持续发展领域划时代的重要早期文献，它对全世界关注人口、资源和环境的可持续性问题起到了警示作用。

（2）探索阶段（20 世纪 80 年代初至 90 年代初）

在这一阶段，可持续发展的定义正式提出，其理论框架初具雏形。这一阶段的可持续发展思想主要着重于对资源的可持续利用，国际组织积极参与推动可持续发展“从认识走向实践”，然而，这一进程往往忽视了发展中国家的利益以及全球可持续发展所面临的挑战，缺乏全球范围的国际合作。《我们共同的未来》首次提出了“可持续发展”的定义——既满足当代人的需求，又不对后代人满足其自身需求的能力构成危害的发展。该报告的主要贡献在于提出了可持续发展的定义，这一定义使环境与发展思想产生了划时代意义的飞跃，使国际社会在可持续发展问题上达成共识，推动各国制定经济社会发展的长期环境策略，加强各国在人口、资源、环境和发展方面的合作，共同探讨解决环境问题的有效途径，并为此做出努力。

（3）深化阶段（20 世纪 90 年代初至 21 世纪初）

这一阶段的可持续发展内涵进一步发展，更多地关注气候变化等全球共同的环境问题；此外，可持续发展思想更多地由理论转向实践，使可持续发展“从号召走向落实”。国际合作逐渐成熟，并设法将问题和潜在解决方案转化为国家或国际战略。1992 年，在巴西里约热内卢召开的联合国环境与发展大会被视为是具有标志性的历史事件，被认为是全球行动的标志性里程碑。至此，可持续发展成为世界各国的一项发展战略。为配合 1992 年里约联合国环发大会的召开，世界银行发表了《1992 年世界发展报告：环境与发展》，该报告对环境和发展之间的相互关系进行了详细考察。该报告一个理论观点是发展与环境保护并不总是矛盾的，只要政策运用得当，它们之间是可以相互促进的。而且，在许多情况下，发展与环境本身是一体两面。例如，安全饮用水和洁净的空气有益于健康，而人的健康是人力资本的一部分，这本身是有利于发展的。该报告指出：“经济发展与适当的环境管理是同一计划中互为补充的，没有充分的环境保护，发展就会遭到破坏；而不发展经济，环境保护也将无以为继。”2000 年通过的联合国千年宣言进一步推动了各国可持续发展行动的加速。提出的八大目标，可持续发展是其中目标之一。2006 年由英国著名经济学家、前世界银行首席经济学家经过一年调研而撰写的研究报告——《斯特恩报告：气候变化经济学》指出，气候变化给全人类的生存带来了严重威胁。只有采取国际集团行动，才能达到阻止气候变暖的预期目标。它提出要在多领域进行国际有效合作，其中最重要的是建立碳市场。2008 年斯特恩再次推出一份报告，提出为实现上述目标构建 2012 年后国际气候制度的基本要素，这对后续深入开展国际气候制度研究和参与国际气候谈判有重要启发（陈迎，潘家华，2008）。在这一阶段，可持续发展得到世界最广泛和最高级别的政治承诺（曲向荣，2010）。

（4）强化阶段（2015 年以来）

世界各国参与资源、环境与发展讨论与研究，可持续发展的国际合作常态化，国内外可持续发展紧密结合、协同探索，为可持续发展谋划了更为细致与确切的方向，是可持续发展“从行动走向科学”的关键成长期。最重要的事件是2015年联合国一般大会通过了《改变我们的世界：2030年可持续发展议程》。该纲领性文件专注于人口、地球、繁荣、和平以及伙伴关系这五个主题，并制定了未来15年可持续发展目标，旨在消除极端贫困、消除不平等和不公正现象，以及应对气候变化挑战。此文件通过建立前所未有的高级别政治承诺和全球伙伴关系，大大强化和集中了可持续发展理念和行动计划。因此，该议程为未来提供了承诺和机会，为世界可持续发展注入了新的动力。

从以上几个阶段的演变可以看出，在过去70年中，可持续发展概念和思想逐渐深入人心，形成了有史以来少有的一个国际共识。可持续发展是一个内涵丰富的概念。虽然不同学说流派有各自的侧重点，但都同时强调社会、经济、自然、人类、文化以及政治的和谐统一，共同发展，形成多维的动态平衡（李晓灿，2018）。可持续发展包含了生态持续、社会持续和经济持续。生态持续是基础，经济持续是条件，社会持续是目的，只有这三者进行良性互动，才能维持可持续发展的复合系统性（李强，2011）。因此，可持续发展旨在实现经济增长的数量与质量兼顾，即在保护生态环境的同时促进经济发展，以提高人们的生活质量。这意味着追求自然—经济—社会复合系统的持续稳定和健康发展（冯华，2002）。这一理念与经济高质量发展的思想不谋而合，并为后者奠定了理论基础。

三、环境污染的负外部性

外部性（Externality）也叫作外部成本、外部效应（Externality）或溢出效应（Spillover Effect）。亨利·西奇威克（Henry Sidgwick）在19世纪末以灯塔为例，描述了免费搭便车的情形，这一观点开启了经济学家对外部性问题的研究。他的例子表明，当一个人受益于他人的行为而不付出代价时，就会出现免费搭便车的情况。这引发了人们对市场失灵的关注，即市场无法有效分配资源，因为某些成本或收益并未得到内在反映。这一观点暗示了市场可能存在的失灵，因为个体在享受某种好处时不必付出成本，而这种好处是由其他人提供的。这为后来的经济学家提供了启示，使他们开始探索市场无法有效分配资源的原因。虽然亨利·西奇威克没有提出完整的外部性理论，但他的思想奠定了外部性理论的基础，为后来经济学家进一步研究市场失灵和政府干预提供了理论依据（Sidgwick，1883）。1890 年，阿尔弗雷德·马歇尔（Alfred Marshall）首次提出“外部经济”概念，他的观点强调了个人行为对环境资源的消费不可能排他，即他们的行为可能会对其他人产生外部影响。马歇尔的理论奠定了环境经济学研究的基础，尤其是在探讨资源配置和市场失灵方面具有重要意义。1920 年，阿瑟·塞西尔·庇古（Arthur Cecil Pigou）继承与扩展了马歇尔的“外部经济性”理论，他采用了边际分析方法，从社会资源最优配置的角度深入研究和发展了外部性理论。庇古指出，外部效应问题是市场固有的缺陷，可能威胁市场的有效运行。他的工作强调了政府干预的必要性，以纠正市场无法解决的外部性问题，从而实现社会福利的最大化。庇古的外部性理论首次对环境问题的经济根源提出了合理解释，并为解决这一问题提供了经济学分析工具，即庇古税（高苇，2018）。Baumol & Oates（1988）提出，当某个经济体的行为对其他人的利益或成本产生影响，但这些影响并未在经济体的决策中得到考虑时，就会出现外部效应。这意味着一个人的行为会影响到其他人的福利或生产，如果这些影响没有得到适当的补偿，就会产生外部效应。保罗·萨缪尔森（Paul A. Samuelson）和威廉·诺德豪斯（William D. Nordhaus）（1999）将外部性定义为一种情况，即某些生产或消费活动对其他人群施加了不可补偿的成本，或者提供了无需补偿的收益。换句话说，这种情况发生时，行为的发起者并未为其行为对其他人造成的损失或收益支付或获得任何形式的补偿。外部性的出现意味着市场价格无法完全反映某些经济活动的真实社会成本或收益。。兰德尔（1989）认为外部性是用来表示“当一个行动的某些效益或成本不在决策者的考虑范围内的时候所产生的一些低效率现象；也就是某些效益被给予，或某些成本被强加给没有参加这一决策的人”。以上对外部性的不同定义实际上是相互一致的，它们都强调了外部性是市场交易中存在的某种影响，它对于其他经济主体来说是无偿的，而且无法通过市场价格来完全体现。换句话说，外部性指的是市场交易中存在的某种影响，它对于其他经济主体来说是无偿的，而且无法通过市场价格来完全体现。

据上述外部性的定义，可以得到，环境污染的负外部性指的是企业或个人的行为会对周围环境产生负面影响，而这个影响并没有在市场交易中得到充分反映，最终导致了资源的浪费和社会福利的降低。尽管不同学者对外部性的定义有所不同，但他们都认同环境问题的根源在于市场机制在环境资源配置上的失灵。这种失灵主要表现在与环境资源相关的经济活动存在着显著的外部性，即这些活动对其他经济主体和社会造成的影响无法通过市场价格体现和解决（娄昌龙，2016）。一些经济学家和政策制定者认为，内部化环境污染问题的最佳方式是对环境污染征税或者通过排放许可证来实现。如 Parry 等（2014）的研究发现，加拿大采用碳排放税可以同时减少空气污染和温室气体排放；Ellerman & Buchner（2007）指出欧洲排放交易系统可以有效地减少二氧化碳排放。由此可见，环境污染造成的负外部性已是共识。环境规制之所以存在就是基于环境外部性问题，即环境污染所导致的负面影响无法通过市场机制得到充分内化。这种外部性使环境资源无法有效得到配置，从而阻碍了经济的高效运行。因此，政府干预是必要的，以实施环境规制来纠正这种市场失灵现象，为实现经济的高质量发展提供必要的制度支撑。

具体而言，首先，环境规制可以促使企业或个人内部化环境成本，鼓励他们采取更加环保的行为举措。例如，政府可以设立环保税或排放许可证等制度，通过引入经济激励机制来约束企业的环保行为，推动其在技术、设备和管理等方面进行提升和创新，从而实现可持续发展。其次，环境规制也有利于优化产业结构，提高全要素生产率，增强经济的竞争力。环保产业的发展不仅能够缩小环境污染和生态破坏的范围，还能促进就业、提高技术含量、增加经济附加值，从而促进经济高质量发展。最后，环境规制还能够增强社会公平和道德责任感，实现社会和谐和可持续发展。环境规制的实施可以降低贫富差距，促进资源配置的公平性和效率性，并强化社会对生态文明建设的共识和认同，形成人人都有责任保护环境的社会氛围。因此，环境规制对经济高质量发展具有必要性，不仅能够提升企业的竞争力和全要素生产率，还能够在增加就业、改善环境、增进公平和民生福祉等方面做出贡献。

第二节　经济高质量发展相关理论

一、经济增长理论演变

经济增长作为经济学中的核心问题，吸引了经济学家们长期以来的深入研究，因此也产生了许多经济增长理论。这些理论可以大致分为以下五类。

（一）古典经济学阶段

古典经济学家在经济增长理论方面做出了重要贡献，他们的观点和理论为后来的经济学家提供了深刻的启示和参考。亚当·斯密（Adam Smith）提出了“分工”理论，强调了劳动分工对生产效率提高的重要性，并指出市场是财富的源泉；大卫·李嘉图（David Ricardo）发展了斯密的绝对优势理论，提出比较优势理论，强调不同国家的比较优势决定了贸易的方向和效益；托马斯·罗伯特·马尔萨斯（Thomas Robert Malthus）则提出了人口理论，认为人口增长会对资源分配和经济增长产生影响，是经济发展的关键要素之一。此外，而罗伊·哈罗德（Roy Harrod）和埃弗塞·多马（Evsey Domar）在19世纪40年代提出了哈罗德—多马模型（Harrod – Domar Model），该模型假定生产函数仅包含劳动力和资本，并且这两种要素之间不存在替代关系，不存在技术进步；哈罗德—多马模型在肯定劳动要素重要性的前提下，突出了物质资本的积累对经济发展的促进作用。总体而言，古典经济学家们认为经济增长的主要动力在于劳动力和资本的增加，同时强调了市场机制的重要性，即自由市场机制具备自我调节的能力，以实现经济增长和社会福利的最大化。古典经济学家们的理论为后来的经济学发展奠定了基础，为理解经济增长的机制提供了重要参考。

（二）新古典经济学阶段

在古典经济学基础上，新古典经济学家提出了一系列新的经济增长理论，其中最有代表性的是罗伯特·索洛（Robert M. Solow）的“技术进步”理论和托马斯·罗伯特·梅尔（Thomas Robert Malthus）的“资本积累”理论。索洛认为技术进步是经济增长的主要推动力量，而梅尔则认为资本积累是经济增长的关键。罗伯特·索洛（Robert M. Solow）和特雷弗·斯旺（Trevor W. Swan）等基于哈罗德—多马模型提出了索洛模型（Solow Model），深化了新古典经济增长理论。但索洛模型也有其固有缺陷：一是其是在规模报酬不变以及生产要素的边际报酬递减的假设下成立的，二是经典的索洛模型假设在国家储蓄率相等的情况下，不考虑初始资本水平，国家间的经济增长将会实现趋同。然而，这种理论无法解释现代经济中发达国家与发展中国家之间持续存在的差距，这种差距难以被逾越。卡尔·凯斯（Karl E. Case）和加林·库普斯曼（Garin Kupisman）把弗兰克·拉姆齐（Frank P. Ramsey）的消费者理论引入经济增长理论框架，内生化储蓄率。然而，他们并未摆脱人均产出受外生技术进步率影响的局限。相反，托马斯·罗伯特·马尔萨斯（Thomas Robert Malthus）的“资本积累”理论主张，资本家通过投资和资本积累以实现利润最大化，是资本主义经济体系的核心，亦是其持续发展必不可少的要素之一。然而，马尔萨斯也警示，资本积累可能导致贫富差距扩大和社会不平等加剧。

在新古典经济学阶段，资本积累和技术进步被视为经济增长的主要动因。尽管新古典经济理论在古典经济学基础上进一步完善了对经济增长的解释，但其对技术外生性的看法受到了批评。因为技术作为一个非竞争性产品，一旦被研发出来，内在的外溢性使其具有公共产品的特点，因此技术进步的非竞争性与完全竞争是相互矛盾的（陆静超，2004）。

（三）新凯恩斯主义阶段

新凯恩斯主义阶段，经济增长理论主要是由约瑟夫·斯蒂格利茨和保罗·克鲁格曼等提出的。新凯恩斯主义者认为，经济增长是由多种因素共同作用的结果，包括技术进步、资本积累、人力资本和市场因素等，市场失灵和信息不对称是经济增长的主要障碍。新凯恩斯主义者提出了政府干预和调节市场的理论，强调政府在经济增长中的重要作用，认为政府应该在经济增长方面发挥更积极的作用，例如通过加强投资和扩大财政政策等手段，以促进经济增长。

（四）新古典主义阶段

在新古典主义经济增长理论的发展中，内生增长理论由保罗·罗默（Paul M. Romer）和罗伯特·卢卡斯（Robert E. Lucas）等引入。这一理论修正了索洛模型中对技术的外生性假设，将技术进步内生化纳入生产函数中。内生增长理论认为，知识和技术进步是经济实现长期增长的关键推动力量。它强调了对人力资本的投资，被视为促进知识增长和技术进步的重要因素。罗默的模型强调了技术进步在驱动经济持续增长过程中的作用，主张技术的引入能够克服传统增长理论中边际报酬递减的困境，从而实现经济长期增长。此外，内生增长理论还突出了技术进步对经济增长的非收敛性特征，为解释国家间发展差距和长期增长原因提供了理论依据。综上所述，内生增长理论强调创新是经济增长的主要动力之一，即技术进步不是外生的，而是由经济体内部的创新活动驱动。此外，人力资本的内生增长模型也指出了人力资本在经济增长中的关键作用，从而促进经济的长期增长。

（五）新制度经济学阶段

在经济学发展的历程中，经济增长的理论也在不断演变。从古典经济学到新制度经济学，对经济增长的认识逐渐深化，理论也逐渐完善。新制度经济学强调制度和组织结构对经济增长的重要性，认为制度变迁和创新是推动经济发展的关键要素。道格拉斯·诺斯（Douglass C. North）提出了“制度变迁”理论，认为公平有效的交易机制能降低交易成本、提高效率推动经济发展；曼瑟·奥尔森（Mancur L. Olson）则强调资源禀赋差异不能完全解释国家之间的差距，落后国家因为缺失公平的交易制度、产权制度以及正确的经济发展政策，也很难在短时间内追赶发达国家。他们认为，制度安排和组织结构是经济增长的主要决定因素，只有制定合理的产业政策，才能实现经济高效有序运转、优化经济结构，实现长足发展，并提出了制度变迁和制度转型的理论，强调制度创新和改革的重要性。

总体而言，经济增长理论的发展呈现出不断更新的趋势。经济学家们的研究认识不再局限于人口和资本增长，而是更关注知识技术进步、市场机制有效性、政府干预和制度创新等因素。高质量发展的追求意味着经济增长应当是可持续、包容和环保的，需在环境、社会和人民生活质量等方面取得平衡。综上所述，经济高质量发展需要综合考虑经济增长的多个方面，实现经济增长与社会福祉的可持续发展。

二、经济增长极限理论

美国麻省理工梅多斯教授在《超越极限》中提出了一种新的经济增长模型，突破了传统的线性增长思维，将经济增长定义为非线性的指数增长（梅多斯，2001）。他强调人口增长、粮食生产、资本投资、资源消耗和环境污染等因素在经济增长中起着至关重要的作用，并且这些因素表现出指数级增长的特征。此外，教授还指出这些因素之间存在着复杂的相互影响和反馈机制，影响着整个经济系统的演变和动态变化。如果人类无限制地进行指数型增长，就会导致过冲发生，造成资源和污染排放超过地球的承载能力。这种模型提醒我们，经济增长必须考虑到环境和资源的限制，不能无限制地追求增长。梅多斯利用计算机计算得出，如果不进行转向、矫正和缓解，受资源约束和环境污染的持续，到 2100 年经济会停止增长。并且梅多斯认为，技术进步只能延长资源耗竭、环境污染的过程，但不能制止经济崩溃的发生。

具体而言，经济增长极限理论是指一个国家或地区的经济增长在一定条件下会达到极限，无法再继续增长。这个极限是由多种因素决定的，包括资源、技术、人口、政治和环境等因素。当这些因素达到一定程度时，经济增长就会受到限制，无法再继续增长。这一极限状态受到资源约束的影响，包括有限的自然资源和人力资源的开发，而人口增长的同时也对经济的延续增长构成一定限制。技术是经济增长的重要推动力量，技术的进步可以提高生产效率和产品质量，从而推动经济增长；但是技术的进步也会受到限制，包括技术的瓶颈、技术转移的难度等。政治因素也会对经济增长产生影响，政治稳定和政策的合理性可以促进经济增长，但是政治不稳定和政策的不合理性也会对经济增长产生限制。环境因素在经济增长中起着重要作用。环境污染和资源浪费不仅会对人们的生活质量和健康造成危害，还会对经济发展产生负面影响，例如降低生产效率、增加环境治理成本等。因此，环境保护和可持续发展成了经济增长的重要目标之一。维护良好的生态环境不仅有利于提高人民的生活质量，还能促进经济的长期稳定增长，实现经济、社会和环境的协调可持续发展。

经济增长极限理论实质上是对长久以来高投入高能耗的经济发展模式的反省与反思，是对经济发展方式转型的重要理解。经济增长极限理论认为，随着经济的不断增长，资源的稀缺性和环境的承载能力将成为制约经济增长的瓶颈，因此，在经济发展过程中注重经济发展质量的提升已成为当今时代的主流任务。

三、五大发展理念

高质量经济发展不仅是单纯的经济增长，更重要的是体现在提升发展质量、改善人民生活水平、保护生态环境、提高资源利用效率等方面。本书对实现经济高质量发展的相关理论基础进行了简要阐述：

第一，强调创新驱动发展。创新驱动是实现高质量经济发展的基石。这意味着以创新为主要引擎，不断推动科技创新和技术进步，提高经济发展的质量和效率。在信息化、数字化和智能化的大背景下，新技术、新业态、新模式、新产品不断涌现，创新成为推动经济高质量发展的重要引擎。这种理念强调创新是经济发展的主要推动力量。只有不断推进科技创新，提高产品和服务的质量和附加值，经济高质量发展才能实现。通过加强科技创新，提升产品和服务的技术含量，以提高它们的质量和附加值。

第二，注重绿色倒逼发展。绿色发展是指在经济发展的同时，注重资源环境保护、促进资源节约和有效利用以及生态文明建设，实现可持续发展；其是在可持续发展的基础上，提出的一种新的发展理念。绿色发展被认为是经济可持续发展的关键要素，不仅是构建高质量生态系统、实现人与自然和谐共生的必然选择，更是经济增长与环境保护之间协调发展的核心。其核心观念在于追求经济效能与生态效益的双赢，兼顾环境质量与资源可持续性的平衡。绿色发展理念强调在经济发展过程中注重环境保护和资源利用，通过推动绿色产业发展、普及清洁能源等方式，实现低碳、环保和可持续的发展。

第三，坚持开放型经济发展。开放型经济发展理念是指在全球化和市场化的大背景下，通过开放和合作实现经济高质量发展的途径。这种理念认为，通过加强国际贸易、促进资本流动等方式能够实现经济的可持续发展，认为只有通过开放和合作，才能获得更多的市场机会和资源，实现经济增长和发展的可持续性。

总之，高质量经济发展是一个综合性发展理念，旨在实现经济、社会、环境的协调发展，推动经济持续增长、提高人民生活水平、促进社会公平和进步。只有秉持高质量发展的理念，持续推动改革创新，才能为国家经济注入更强劲的动力，推动经济向着更加可持续、稳健和有活力的方向发展。

第三节 环境规制影响经济高质量发展的理论基础

一、环境库兹涅茨曲线

1955 年，诺贝尔经济学奖获得者、美国经济学家库兹涅茨（Simon Smith

Kuznets），在研究经济增长和收入不平等的关系时发现：随着人均收入的增长，收入分配不平等呈现先扩大再缩小趋势。在以人均收入为横轴，收入不平等为纵轴的二维直角坐标系中，呈现一种倒“U”形的关系，人们将此曲线称为库兹涅茨曲线（Kuznets，1955）。Grossman & Krueger（1991）首次实证研究了环境质量与人均收入之间的关系，指出“污染在低收入水平上随人均 GDP 增加而上升，高收入水平上随 GDP 增长而下降”。Panayotou（1993）进一步的实证研究证明了环境污染水平与人均收入之间存在着倒“U”形的关系，这被称为环境库兹涅茨曲线（Environment Kuznets Curve，EKC）。

环境库兹涅茨曲线是一个经验规则，这种倒“U”形关系背后的机理和原因更值得探究。其根本原因在于经济增长、结构变迁与环境保护之间的动态相互作用。在经济发展初期，工业化水平较低，资源开采和利用水平较低，资源基本上保持原生状态，同时，工业生产所释放的污染物也可以被自然环境所吸收，因此生态环境保持在良好状态。在经济增长加速时期，工业加速扩张，尤其是重工业扩张更快，而工业尤其是重工业对能源和资源的开发和利用强度加大，同时污染物加倍排放，以至于超过了自然界自净能力，致使资源耗竭和环境状况不断恶化。但到了发展后期阶段，工业化实现之后，工业尤其是重工业部门在国民经济中的比重持续下降，而服务业比重持续上升，而服务业对资源利用强度和污染物排放较工业要低，这样，环境污染得到逐步控制。当然，除了经济发展和结构变迁之外，环保意识的增强，环保产品需求的增加，环保政策的加强，环保投入力度的增加，环保技术的进步，也是推动环境改善的重要因素。但这些因素都是伴随经济发展而出现的。有人认为，环保意识淡薄、环保重视不够，环保投入较少是导致环境不断恶化的主要原因。其实，上述问题是经济发展的结果，而不是原因。在经济发展较为低下的贫困阶段，人们的关注重心在于温饱问题以及生存问题，并不会将大量的资源用于治理环境和生态保护。

虽然许多学者肯定了环境库兹涅茨曲线在研究增长与环境之间的倒“U”形关系的重要性，但部分研究者也对 EKC 的存在性提出了质疑。一些学者从其模型假设、论证及其政策适用性等方面进行了批判性思考，认为环境库兹涅茨假说存在着一些缺陷（Bruyn & Heintz，1998；Arrow 等，1996；Selden & Song，1994；陈雯，2005；于峰，2006）。尽管环境库兹涅茨曲线理论存在着争论，但自 20 世纪 90 年代初提出以来，这一假说受到了学术界和政界的广泛关注，成为研究经济增长与环境质量之间关系的重要理论。因为它符合经济发展过程的客观规律，已成为世界各国制定本国环境政策和协调国际环保行动的理论基石。

二、绿色索洛模型

索洛模型（Solow Model）是由美国经济学家罗伯特·索洛（Robert Solow）于1956年提出的经济增长模型，这个模型被用来解释经济增长的源泉。该模型认为，假设将生产要素之间的投入比例固定不变是不合理和脱离实际的。索洛提出了资本与劳动力投入之间存在一条平滑的替代曲线。此外，索洛模型建立在规模报酬不变和生产要素边际报酬递减的假设基础上。一般而言，索洛模型的生产函数可以用Cobb－Douglas生产函数来表示：

$$Y(t)=F(A(t),K(t),L(t)) \qquad \text{式（3－1）}$$

其中，L为劳动投入（labor），K为资本投入（capital），A为技术，Y为产出（output），且模型符合以下条件：

$$f_K'(\cdot)>0,\ f_L'(\cdot)>0,\ f_K''(\cdot)<0,\ f_L''(\cdot)<0 \qquad \text{式（3－2）}$$

这个模型表明，经济产出取决于资本、劳动和技术水平的组合。资本和劳动对产出的贡献可以通过它们的比例来调节，而技术水平则体现了全要素生产率的影响。

但随着生态环境问题日益受到关注，仅仅关注经济增长数值难以衡量出经济增长背后的环境污染以及由此造成的经济损失。Brock & Taylor（2004）在索洛模型的基础上，将污染削减因素补充到索洛模型的假定中，拓展为研究经济增长与环境质量之间的关系的绿色索洛模型（The Green Solow Model）。由于高质量发展水平是考虑了资源环境约束下的经济发展质量的提升，因此有较多学者利用绿色索洛模型测算出绿色全要素生产率（Green Total Factor Productivity，GTFP）来衡量高质量发展水平。由于索洛模型忽略了能源环境因素和生产技术的无效率。因此，在此模型的基础上，Brock & Taylor（2004）在假设中将污染削减强度作为外生变量引入模型，衡量经济活动中用于污染削减的部分所占的比例。在设定模型时，假定污染不存在结构效应，同时也不考虑技术进步和环境政策变化对减少污染的影响（秦淑悦，2019；赵玉焕和钱之凌，2021）。要分析污染如何影响产出，就要先确定污染排放总量（E），而 E 主要受到现有经济活动规模（F）和为减少环境污染所做的经济努力（F^{τ}）的影响。假设经济活动遵循规模报酬不变，那么总的污染排放量（E）可表述为：

$$E=\omega F(1-\tau(1,\frac{F^{\tau}}{F}))=\omega F\rho(\theta),\theta=\frac{F^{\tau}}{F} \quad \text{式 (3-3)}$$

其中，ω 是常数，被假定为单位经济活动中所产生的污染量，τ 表示污染削减量，θ 为环境污染强度。由于最终的产出需要扣除环境污染强度 θ 的影响，因此生产函数可以调整为：

$$Y(t)=(1-\theta)F(K(t),A(t)L(t)) \quad \text{式 (3-4)}$$

在规模报酬不变的情况下，式（3-4）可以转换为：

$$k=\frac{K}{AL},e=\frac{E}{AL},y=\frac{Y}{AL}=(1-\theta)F(k,1)=(1-\theta)f(k) \quad \text{式 (3-5)}$$

通过公式推导可以得到人均资本存量的变化公式：

$$\dot{k}=sf(k)(1-\theta)-(\delta+n+g)k \quad \text{式 (3-6)}$$

其中，储蓄率用 s 表示，资本折旧为 δ。$sf(k)(1-\theta)$ 为实际投资。$(\delta+n+g)k$ 为持平投资。其中 δ、n 和 g 分别为资本、劳动和技术的增长率。

如图 3-1 所示，当 $\dot{k}=0$ 时，经济达到均衡，此时的绿色全要素生产率为：

$$GTFP=g=\frac{s\left[(1-\theta)\frac{e}{\omega\rho(\theta)}\right]}{k}-\delta-n \quad \text{式 (3-7)}$$

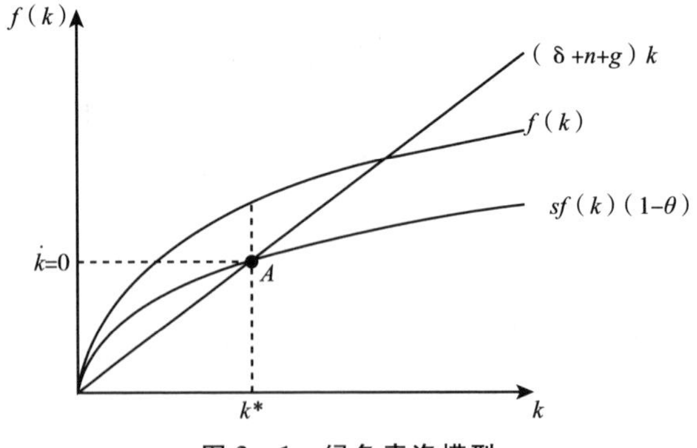

图 3-1 绿色索洛模型

总的来说，通过对新古典经济增长理论的分析，我们发现生产实践中涉及的投入要素和产出要素对高质量发展水平的提升都起着重要作用。绿色索洛模型兼顾了技术进步和资源环境对经济发展的影响，其核心思想是在实现经济增长的同时，要避免环境质量的下降和资源的过度消耗。因此，它强调了可持续发展的重要性，提倡在经济增长的过程中考虑环境保护和资源利用效率。绿色索洛模型旨在实现经济增长与环境保护的双赢，通过合理的政策和技术创新，推动经济向着低碳、高效、可持续的方向发展。它的提出为研究考虑了资源环境的经济增长质量问题提供理论支持。

三、绿水青山就是金山银山

"绿水青山就是金山银山"理论（简称"两山论"）的提出来自习近平总书记长期对生态文明建设的实践与思考，是对经济发展与生态保护实践诉求的深层回应，更是对可持续发展理论的深化和发展。习近平总书记从发展最紧迫的地方入手，凸显出对生态问题的重视，生动形象地阐明了经济发展与生态保护的辩证关系，对发展观做出了新诠释，为生态建设指出了新方向（姚茜，景玥，2017）。"绿水青山就是金山银山"理论的发展可以分为三个阶段。

（一）提出阶段（2005—2011 年）

2005 年 8 月 15 日，习近平总书记在浙江省安吉县天荒坪镇余村考察时提出了"生态资源是最宝贵的资源，绿水青山就是金山银山。不要以牺牲环境为代价推动经济增长"，"两山论"进入公众视野。"绿水青山就是金山银山"指明了经济发展与生态环境保护协调发展的方法论。2006 年，习近平总书记在实践中又进一步深化"两山论"，深刻阐述了"两山"之间内在关系的三个阶段：一是用绿水青山去换金山银山；二是既要金山银山，但是也要保住绿水青山；三是绿水青山就是金山银山。对三个阶段的认识，反映了发展的价值取向从经济优先，到经济发展与生态保护并重，再到生态价值优先、生态环境保护成为经济发展内在变量的变化轨迹。保护生态环境不是不要发展，而是要更好地发展。生态环境越好，对生产要素的集聚力就越强，就能推动经济社会又好又快发展。

（二）发展阶段（2012—2016 年）

党的十八大以来，"两山论"被赋予新的时代内涵，在实践中日臻丰富完善，一套科学完整的理论体系已经形成。2013 年，习近平在哈萨克斯坦纳扎尔巴耶夫大学发表演讲时提出，“我们既要绿水青山，也要金山银山。宁要绿水青山，不要金山银山，而且绿水青山就是金山银山。”党的十八大以来，随着生态文明制度建设的全面推进，“绿水青山就是金山银山”理念作为核心理念和基本原则全面贯彻到生态文明建设的各项制度之中。2015 年 3 月 24 日，“坚持绿水青山就是金山银山”被写进了《关于加快推进生态文明建设的意见》，为“十三五”提出绿色发展理念提供了理论支撑。2015 年 9 月，中共中央、国务院制定出台《生态文明体制改革总体方案》，要求“树立绿水青山就是金山银山的理念”，加快建立系统完整的生态文明制度体系。在“绿水青山就是金山银山”理念的指导下，为从根本上解决最突出最紧迫的环境问题，国务院相继出台了《大气污染防治行动计划》《水污染防治行动计划》《土壤污染防治行动计划》等系列制度，先后实施了《党政领导干部生态环境损害责任追究办法（试行）》《生态文明建设目标评价考核办法》等管理办法。2016 年，第二届联合国环境大会发布的《绿水青山就是金山银山：中国生态文明战略与行动》报告指出，以“绿水青山就是金山银山”为导向的中国生态文明战略为世界可持续发展理念的提升提供了“中国方案”和“中国版本”。

（三）深化阶段（2017 年至今）

2017 年，“必须树立和践行绿水青山就是金山银山的理念”被写进党的十九大报告；2017 年 10 月，“增强绿水青山就是金山银山的意识”被写进新修订的《中国共产党章程》之中。“两山论”已成为我们党的重要执政理念之一。在 2018 年 5 月召开的全国生态环境保护大会上，习近平总书记进一步指出：“绿水青山就是金山银山，阐述了经济发展和生态环境保护的关系，揭示了保护生态环境就是保护生产力、改善生态环境就是发展生产力的道理，指明了实现发展和保护协同共生的新路径。”全国生态环境保护大会正式确立了习近平生态文明思想，“两山论”成为六项重要原则之一。“绿水青山就是金山银山”内涵丰富、思想深刻、生动形象、意境深远，是习近平生态文明思想的标志性观点和代表性论断。“两山论”得到不断深化，为中国可持续发展奠定了坚实的理论基石，为新时代推进生态文明建设指明了方向，引领中国走向绿色、可持续发展之路。

“绿水青山就是金山银山”理论是符合社会发展规律和人类文明演进的必然选择，在中国出现有其必然性。首先，“两山论”立足中国国情，内容丰富、博大精深，渗透到生态文明建设的全方位和全过程，深刻地揭示了生态系统的生态价值和经济价值的双重属性，反映了人与自然之间物质变换的客观规律，深刻回答了如何正确处理好经济发展与生态环境保护的关系，为加快推动绿色发展提供了方法论指导和路径化对策；其次，“两山论”体现了对自然规律的准确把握。继承和发展了马克思主义生态观，蕴含和弘扬了天人合一、道法自然的中华民族传统智慧，开辟了处理人与自然关系的新境界；最后，“两山论”贯穿了坚持以人民为中心的发展思想，是对民生内涵的丰富发展，彰显了以人为本、人民至上的民生情怀，容易转化为人民的自觉实践（陈光炬，2018）。

总的来说，走“绿水青山就是金山银山”发展之路，是一场前无古人的创新之路，是对原有发展观、政绩观、价值观和财富观的全新洗礼，是对传统发展方式、生产方式、生活方式的根本变革。经济发展与生态环境保护的关系，就是“金山银山”与“绿水青山”之间的辩证统一关系，必须在保护中发展，在发展中保护。“两山论”指明了经济发展与生态环境保护协调发展的方法论，是对可持续发展理论的深化和发展，也是执政理念和方式的深刻变革。深刻认识和把握“绿水青山就是金山银山”理念的逻辑，及时总结推广生态文明建设实践的鲜活经验，为中国当下确立科学合理的发展方式提供了价值标准和行动遵循，对建设生态文明、建设美丽中国具有重要的理论和现实意义。

第四节　本章小结

本章强调了环境规制在促进经济高质量发展中的关键作用，提出了经济增长需要与环境保护、资源合理利用和社会发展相协调，以实现经济的长期稳定和可持续发展。本章从环境稀缺性理论和可持续发展理念分析各国家或地区的经济发展一定要处理好资源、环境与发展的关系，走可持续发展的道路。环境污染的负外部性凸显了市场机制在环境资源配置上的失灵，呼吁政府通过环境规制进行干预，以纠正市场失灵，推动经济向高质量发展转型。

经济高质量发展的相关理论，从古典到新古典，再到新凯恩斯主义和新制度经济学，呈现了经济增长理论的演变，强调了知识技术进步、市场机制有效性、政府干预和制度创新对经济增长的重要性。环境库兹涅茨曲线和绿色索洛模型为分析经济增长与环境质量关系提供了理论工具，揭示了在不同经济发展阶段环境质量的变化趋势，以及如何在经济增长中内化环境成本，实现绿色发展。“绿水青山就是金山银山”理念深化了对生态文明建设的认识，强调了生态环境保护与经济发展并重，推动了绿色、可持续的发展模式。总体而言，本章通过理论分析，为理解环境规制如何影响经济高质量发展提供了坚实的理论基础，并为制定相关政策提供了科学依据。

第四章　环境规制促进经济高质量发展的作用机理探析

分析环境规制在推动经济高质量发展中的作用机理不仅有助于揭示环境规制对经济高质量发展的具体影响，还能够为政策制定提供科学依据。本章基于环境规制影响经济高质量发展的逻辑依据，首先分析环境规制在推动经济高质量发展中的具体影响效应，进一步从发展方式转变、经济结构优化和发展动能转换等角度剖析其作用机制，进而提出相关研究假设，为后续章节的实证检验奠定理论基础。

第一节　环境规制对经济高质量发展的影响效应探析

环境规制对经济发展的影响主要存在两种观点。传统的“遵循成本论”认为环境规制会增加企业发展的成本、挤占企业的创新投入，从而不利于经济高质量发展；而波特假说主张环境规制作为一种外部影响因素，通过提高企业排污成本的方式，激励企业增加创新投入、引入高科技人才和改进生产技术。该假说认为，创新补偿效应可以弥补环境规制所带来的生产成本增加，从而推动经济实现高质量发展，实现环境保护和经济发展的双赢局面。实现环境保护和经济发展的“双赢”目标。基于发展现状和相关研究（方永丽，2021）可知，环境规制政策可以激发企业创新、优化产业结构，从而促进经济高质量发展。根据以上分析，提出假设 1：

假设 1：环境规制能够直接促进经济高质量发展。

根据前文的分析，首先，环境规制可分为包括行政命令型、市场型和非正式型的不同的规制类型。行政命令型环境规制是指政府通过法律或行政规章要求企业满足环境标准，并采取强制措施监督和惩罚违反相关规定的企业（王文普，2012；杨志安和刘益彤，2016），具有强大的约束力和控制力，从而使得受到监管的单位能够有效地贯彻落实中央和各级政府提出的环境监管要求，从而促进高污染、高能耗和高排放的经济发展方式向高质量的发展方式转变。其次，市场型环境规制是指政府部门通过采取价格调控和费用征收等市场化的手段（冯志军，陈伟和杨朝均，2019），激励企业通过绿色技术创新来降低环境污染水平，其通过一系列经济工具如环保税、排污费、排污交易权来减少污染物的排放，能够给予企业更大的灵活性，实现污染防治技术与污染物排放末端治理最优结合；但当企业创新达到一定程度时，市场型环境规制的监管成本将会超过污染防治技术创新的补偿效果从而带来损失；当下中国经济已进入新常态发展阶段，企业创新发展也已达到一定高度，因此，在当下经济发展阶段，市场型环境规制与经济高质量发展的作用很可能呈现负相关关系；最后，非正式环境规制通常是基于非强制性的行为准则和自愿性参与，旨在促使人们自觉遵守环境保护规则并采取积极的环保举措。非正式环境规制的兴起，反映了社会对环境保护的日益重视和个体责任意识的觉醒（崔立志和常继发，2018）。非正式环境规制通过倡导绿色生活方式、推动环保公益活动和加强环保教育等手段，人们可以共同参与到环境保护中，共同维护美好的生态环境，其参与范围更广、环境改善效果也更直接。因此，非正式环境规制对经济高质量发展的促进作用更为深刻（赵玉民，朱方明，贺立龙，2009）。根据以上分析，提出假设 2：

假设 2：不同类型的环境规制能够促进经济高质量发展，但其影响效应因规制类型的不同而存在差异。

第二节　环境规制对经济高质量发展影响的作用机理

当前，中国经济已经从快速增长的阶段向高质量发展的阶段转变。在这个新的发展阶段，转变发展方式，注重质量而非数量，优化经济结构，促进经济向着更加现代化、多元化和服务型的方向发展，依靠创新驱动、内需拉动和消费升级等改变增长动能是关键任务，以实现更可持续、更均衡、更具质量的经济增长。基于此，如图4-1所示，本书从以上三个视角探究影响环境规制促进经济高质量发展的作用机理。

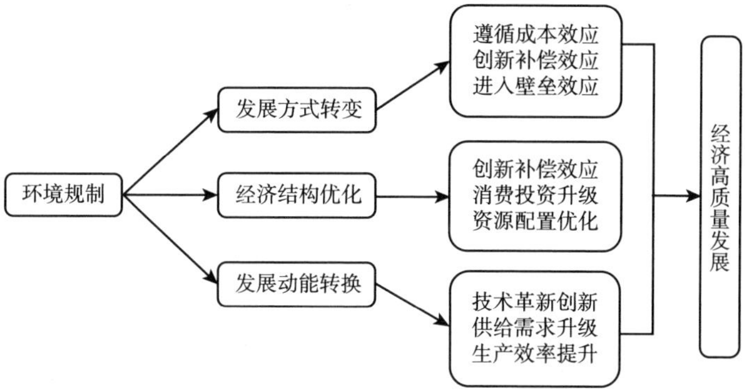

图4-1 环境规制对经济高质量发展的影响机理

一、基于发展方式转变的作用机理分析

环境规制可以通过转变经济发展方式来实现经济发展的质量提升。辜胜阻，王敏和李洪斌（2013）提出经济发展方式转变不仅包括经济增长方式转变的内容，还包括以人为本、结构均衡和资源环境协调发展等内容，其直接目标是提升经济发展质量。首先，在环境规制的引导下，企业需要投入更多资金和资源来符合法规要求，这会增加其生产成本。然而，对环境友好企业来说，这种成本增加可以转化为竞争优势，因为他们在市场竞争中具有更高的环保声誉和市场认可度。因此，可以通过“遵循成本效应”倒逼企业提高资源利用效率，减缓资源短缺等问题，从而改善传统的粗放型经济增长模式，有利于保护生态环境，助力中国经济发展方式从规模速度型向质量效益型转变（于潇，2018）。其次，通过建立严格的环境法规和标准，可以促使企业采取更清洁、更可持续的生产方式，这不仅可提升生产效率和产品质量，还能降低环境污染和资源浪费。这种转变不仅有利于环境保护，也可以刺激技术创新和产业升级，提高生产效率，形成低碳、清洁的发展方式，为经济增长注入新动力。即环境规制通过“创新补偿效应”实现企业发展方式转变，不仅推动创新驱动发展战略的实施，还能够提高地区的绿色全要素生产率。最后，环境规制能够通过行业“进入壁垒效应”促进经济发展方式转变（彭佼羊，2017）。环境规制的实施会提高行业的进入壁垒，因为新进入者需要

承担更高成本以符合法规要求，从而减少恶意竞争和低成本生产的可能性，促进行业的健康发展。因此，通过环境规制所带来的成本效应和行业进入壁垒效应，可以推动经济发展方式向更可持续、更环保的方向转变，促进企业的技术革新和产业升级，为实现经济繁荣与环境保护的双赢局面奠定基础。总体而言，环境规制在促进经济发展方式转变方面发挥着至关重要的作用，而低碳、高效、创新的新发展方式符合经济高质量发展的要求。根据以上分析，提出假设 3：

假设 3：环境规制通过转变发展方式效应间接促进经济高质量发展。

二、基于经济结构优化的作用机理分析

环境规制可以通过结构优化来提高经济发展的质量，而这种优化主要是指产业结构的调整和升级。根据吴亮（2022）等的研究，经济高质量发展的核心目标在于提高全要素生产率，而传统产业大多存在要素利用率低下等问题，产业结构优化则是致力于使生产要素和人力资本等向生产率高的产业聚集，从而能够达到提高经济高质量发展的目的。首先，环境规制政策对企业的生产设备、生产流程和污染物的排放技术提出了更高的要求，通过增加企业的排污成本倒逼企业进行技术创新，并以此发挥出“优胜劣汰”的效果。这样的发展模式有利于服务业部门而不利于工业部门的发展，将提高第三产业相对于第二产业的比重（李强，2013），以此促进产业结构升级。其次，产业结构升级会引导消费和投资的升级，由此促进经济高质量发展。产业结构升级有助于提高中高端消费品在市场中的供给，促进国内消费结构的转型；同时，环境规制政策会引导企业向高新技术领域投资，以应对环境污染带来的成本，提高企业的竞争力。最后，环境规制能够通过加速市场竞争、推进行业兼并重组等途径来提升产业整体效率、优化产业整体结构（于潇，2019）；且环境规制有助于市场重新分配如能源资源、人力资本等生产要素，从而推进经济结构发展与升级（王翔，王天天，2020）。总体而言，环境规制促进了产业结构的升级，而优化产业结构有助于生产、消费和投资向着高质量、高技术、低能耗的方向改进，从而促进了整体经济发展质量的提高。根据以上分析，提出假设 4：

假设 4：环境规制通过结构优化效应间接促进经济高质量发展。

三、基于发展动能转换的作用机理分析

环境规制可以通过转换发展动能提高经济发展的质量。丁文珺（2018）、杨冬民（2018）等认为，从依靠要素投入量的扩大转向主要依靠要素生产率和全要素生产率的提升，发展动能由旧动能转向技术创新、制度创新等新动能成为非常关键的一步，甚至是实现经济高质量发展的根本性、决定性的力量。首先，环境规制通过约束市场主体的行为优化了产品供给，从而促进消费的升级、增强公民环保意识、形成绿色的消费理念；其次，经济动能转换伴随着技术的革新、供需的升级和效率的提高，这应用了以人力资本为导向的新技术、带动了生产效率更高的新产业、形成了低碳、绿色的经济发展新业态、创建了以创新驱动的内涵型经济增长新模式；再次，环境规制作为一种绿色壁垒对市场主体的生产效率设置了门槛，企业等市场主体为提高生产效率将引进知识型、技术型人才，并扩大创新研发投入，以此培养了经济发展的新动能；最后，从长期来看环境规制能够激励企业加强技术创新，能够促进新技术替代旧技术，从而有利于经济新旧动能转化。在这样一种新旧动能转换的背景下，在新技术、新产业、新业态和新模式的推动下，区域经济践行了“创新、协调、绿色、开放、共享”的新发展理念，提高了经济发展的质量。根据以上分析，提出假设5：

假设5：环境规制通过动能转换效应间接促进经济高质量发展。

第三节　本章小结

本章基于已有相关文献和理论研究，首先，探讨了环境规制对经济高质量发展的影响，进一步分析了行政命令型、市场型和非正式型不同类型环境规制对经济高质量发展的不同影响，提出不同类型的环境规制因其特性不同而对经济高质量发展产生差异化效应的研究假设。其次，从发展方式转变、经济结构优化和动能转换三个视角探讨环境规制对经济高质量发展的作用机理，即环境规制通过提高企业生产成本，促进企业提高资源利用效率和创新能力，推动经济从规模速度型向质量效益型转变；环境规制通过促进产业结

构升级和优化，引导消费和投资向高质量方向改进，提升经济发展的整体质量；环境规制还通过激励技术创新和制度创新，转换经济发展动能，形成以创新驱动的内涵型经济增长新模式。最后，假设环境规制分别通过转变发展方式、结构优化和动能转换三个途径间接促进经济高质量发展的机理。

第五章　中国环境规制与经济高质量发展的历程及成效

科学地认知环境规制和经济高质量发展的历程及发展状况，是实证检验环境规制对经济高质量发展的影响、明确发展思路、把握当前阶段发展方向的重要前提，也是制定与实施发展战略的首要步骤。本章将回顾中国环境规制和经济高质量发展的历程，总结发展特征，分析发展成效及发展经验，为后续章节的实证检验以及顶层设计打下坚实的基础。

第一节　中国环境规制的发展历程及现状

一、环境规制的发展历程

自新中国成立以来，根据中国在不同历史时期环境保护政策、法律法规、机构以及实践的发展变化，可以将中国的环境规制发展历程分为以下五个发展阶段：萌芽起步（1949—1977 年）、探索发展（1978—1992 年）、完善加强（1993—2002 年）、创新发展（2002—2011 年）、全面提升（2012 年至今）。如表 5-1 呈现了中国环境规制的发展阶段、主要特征及内容。

表 5-1　中国环境规制的发展历程

阶段	时间	主要特征	发展内容
萌芽起步	1949—1977 年	不自觉的环境意识；零散的法律、政令、活动	1951 年发布《矿业暂行条例》； 1953 年设立卫生监督机构； 1956 年发布《工业企业设计暂行卫生标准》《关于城市规划和城市建设中有关卫生监督工作的联合指示》； 全国范围内多次开展了“爱国卫生运动”； 1973 年召开第一次全国环境保护会议； 1974 年成立环境保护领导小组。

续表

阶段	时间	主要特征	发展内容
探索发展	1978—1992 年	初步建立环境法律体系；单一环境管理和执法机构；单一的行政命令规制	1979 年颁布《中华人民共和国环境保护法（试行）》，1989 年对其进行修订； 1981 年颁布《关于在国民经济调整时期加强环境保护工作的决定》； 1982 年颁布《征收排污费暂行办法》； 1982 年《宪法》增加环保条款； 1983 年召开第二次全国环境保护会议； 1984 年国家环境保护局成立，1988 年国家环境保护局升级为副部级独立机构； 1984 年 22 个省、自治区、直辖市成立环境保护委员会； 1986 年颁布《建设项目环境保护管理办法》； 1984—1988 年先后颁布《森林法》《草原法》《土地管理法》《矿产资源法》《水法》等法律； 1992 年确立可持续发展为国家基本战略，发布《中国环境与发展十大对策》。
完善加强	1993—2002 年	逐步完善的环境法律体系； 逐步完善的环境监管机构； 行政命令和市场工具相互补充	1994 年出台《中国 21 世纪议程》； 1996 年颁布《环境噪声污染防治法》； 1997 年修订的《刑法》特别规定了破坏环境资源保护罪； 颁布一系列相关规范性文件和部门规章，其中包括施行污染物排放总量控制制度和排污许可证制度； 建立政府生态环境治理行政问责机制； 开展大气排污权交易试点； 1998 年国家环境保护总局升格为正部级，同时组建国土资源部； 1999 年，全国环境保护部门领导管理体制改为以地方政府为主的双重领导体制； 2000 年，颁布《大气污染防治法》； 2002 年，颁布《防沙治沙法》。
创新发展	2003—2011 年	健全的环境法律体系；多部门、多层级监管主体；行政命令、市场工具、自愿工具和非正式规制相互补充	2003 年，颁布《清洁生产促进法》和《排污费征收使用管理条例》； 2005 年，《可再生能源法》出台； 2008 年，修订《节约能源法》和《水污染防治法》； 2010 年，《环境行政处罚办法》实施； 2011 年，发布《节能汽车补贴政策》，同年发布《关于加强环境保护重点工作的意见》； 2005 年至 2007 年，原国家环境保护总局发起三次环保风暴； 2007 年发布《环境信息公开办法（试行）》； 2008 年发布《中国环境标志使用管理办法》； 2008 年组建国家环境保护部； 2010 年，《环境行政处罚办法》实施； 2011 年，发布《节能汽车补贴政策》，同年发布《关于加强环境保护重点工作的意见》。

续表

阶段	时间	主要特征	发展内容
全面提升	2012 年至今	健全的环境法律体系；规制机构大幅改革；环境规制形式更加多样化	2013 年，国务院发布《大气污染防治行动计划》； 2014 年，《环境保护法》经过修订后正式实施； 2015 年，国务院发布《水污染防治行动计划》； 2016 年，国务院发布《土壤污染防治行动计划》； 2016 年，《环境保护税法》出台； 2016 年，新修订的《节约能源法》开始实施； 《大气污染防治法》《海洋环境保护法》和《水污染防治法》分别于 2015 年、2016 年和 2017 年被修订； 2017 年，《土壤污染防治法（草案）》公布； 2018 年，将生态文明和“美丽中国”写入宪法； 2014 年，《关于进一步推进排污权有偿使用和交易试点工作的指导意见》发布； 2015 年，《生态文明体制改革总体方案》和《生态文明建设目标评价考核办法》出台； 2015 年，《环境保护公众参与办法》实施； 2017 年，《全国碳排放权交易市场建设方案（发电行业）》发布； 2016 年，《关于省以下环保机构监测监察执法垂直管理制度改革试点工作的指导意见》发布，推动环保监测监察执法工作的垂直管理改革； 2018 年，《深化党和国家机构改革方案》中，对环境保护部门的职能进行了调整和优化； 2024 年以来，出台一系列新的环保政策和标准，如《中央预算内投资项目监督管理办法》《生态环境信息化标准体系指南》（HJ511－2024）等。

资料来源：根据政府网站发布的公告及法律法规整理得到。

（一）萌芽起步阶段

从新中国成立到改革开放以前，是环境规制发展的起步阶段。在这一时期，对于环境规制这一概念并没有严格意义上的定义，正处于一个渐进式的探索阶段，但由于此时环境问题已开始初步显现，政府层面需立刻出台相关政策着手整治环境问题。这一时期发布的政策具体来说是以下三个方面：一是在环境卫生领域，伴随着 1965 年国家建委联合发布了《工业企业设计暂行卫生标准》，与城建部联合发布了《关于城市规划和城市建设中有关卫生监督工作的联合指示》，中国各地积极开展“爱国卫生运动”，这使城乡环境有了初步的改善。二是对于重工业污染的整治，从 1956 年起，国家就明确提出了对工业废弃物的综合利用，到了20世纪60年代，“变废为宝”成为国家层面上的重要政策导向，在这一政策指导下，全国各大工程纷纷响应，积极采取治理措施，以减少废弃物的排放，并探索废弃物的再利用途径。70年代，中央正式以文件的形式提出了三废处理与回收重复利用问题，此时中国各个地区也开始了对废弃工业资源的回收利用与整治“三废”的群众运动。三是对资源节约、保护的重视，这一时期中央主要出台了《中华人民共和国水土保持暂行纲要》（1957年）、《中共中央关于确定林权、保护山林和发展林业的若干政策规定（试行草案）》（1961年）、《森林保护条例》（1963年）、《矿产资源保护试行条例》（1965年）等文件，同时以兴修水利、治理水患、节约资源为主要政策导向。此时，中国也初步开始了植树造林的群众运动。总的来说，中国这一时期的环境规制还停留在对“三废”的治理上，覆盖面并不全面。环境规制的强度从宽松到严厉，规制的手段从单一的命令控制型到以市场为基础、多种方式并存的模式，规制的职能部门由单部门到多部门协作。

（二）探索发展阶段

自改革开放以来，环境规制的发展开始逐步得到完善。由于改革开放政策的实施，中国经济在20世纪80年代开始迅速发展。随着国有企业的优化和私营企业的兴起，中国经济的增长率持续上升。然而，在这个过程中，很多企业并没有重视环境保护的意识，而是更注重短期的经济利益。这就导致了一些生产水平不够发达的企业，以破坏环境为代价追求短期的经济收益。这些企业规模较小，但数量众多，对环境的破坏也十分严重。然而，在当时的中国，尚没有一个完整、成熟的环境规制体系，很多领域的环保法规还处于一片空白的状态。因此，政府需要积极出台相关的法律法规，以保护环境、维护公共利益。1972年，中国出席了在瑞典首都斯德哥尔摩召开的联合国人类环境会议，并在1973年第一次全国环保会议上通过了“全面规划、合理布局、综合利用、化害为利、依靠群众、大家动手、保护环境、造福人民”的32字方针和新中国第一个环保文件——《关于保护和改善环境的若干规定》。1978年第五次全国人大第一次将环境保护写入宪法，1979年颁布环保法律——《环境保护法（试行）》，并在20世纪80年代相继出台了海洋、大气和水环境的相关环保专项法等法律，法律体系初步建立；1983年第二次全国环保会议召开，提出了为人熟知的“三大环保政策”①，保护环境被确立为中国的一项基本国策；1989年《环境保护法》的正式颁布，标志着中国环境保护事业正式进入法治化、规范化的轨道。同时，这些法律法规的出台也促进了民众环保意识的提高，让人们更加重视环境保护，积极参与到环保事业中。在环境管理和执法部门上，从最初的环境保护办公室上升为国家环保局，并在各级地方政府设立环境管理部门。总而言之，这一阶段随着各种法律法规的初步完成，政策、制度的完善、基本方针的确立，中国的环境规制开始逐步步入正轨，初步建立了比较完善的环境规制体系。

（三）完善加强阶段

1993年至2002年，中国的环境规制进入完善加强阶段。在这一阶段，中国将经济建设作为重要任务，并取得了显著成效。然而，随着经济的快速发展，一系列环境问题也相继浮现。随着资源和环境问题变得日趋严峻，而原有的环境规制手段的弊端也不断暴露，单纯地通过政府自上而下的环保政策的推动无法达到预期的环境效果。在这一阶段，法律法规体系不断被完善，例如1996年颁布《环境噪声污染防治法》；1997年修订后的《刑法》特别规定了破坏环境资源保护罪，加大了对环境犯罪的刑事制裁力度；2000年颁布《大气污染防治法》；2002年颁布《防沙治沙法》。在环保立法不断向新领域延伸的同时，环境监管的权威也不断提高，国家环保局被升级为环保部，同时设立国土资源部，全面负责自然资源的规划和保护工作，改革全国环境保护部门领导管理体制，改为以地方政府为主的双重领导体制。在原有的环境规制工具之外，可交易许可证、排污费、税收优惠和环保补贴等市场化工具，以及信息披露、环境认证等自愿参与型工具所发挥的作用越来越大，并逐渐形成行政型、市场型和自愿参与型工具相互补充的格局。例如施行污染物排放总量控制制度和排污许可证制度，通过对企业排放的污染物进行总量控制，并颁发排污许可证，确保企业按照规定的标准排放污染物；建立政府生态环境治理行政问责机制，通过明确各级政府在环境保护方面的职责和问责机制，促进政府环保工作的有效实施。此外，国家还积极推进环境规制政策的创新与实践，例如开展大气排污权交易试点，通过引入市场机制来解决大气污染问题。

① “三大环保政策”指的是预防为主、防治结合，谁污染、谁治理和强化环境管理政策。

综上所述，1993 年至 2002 年中国环境规制的完善加强阶段，通过法律法规体系的完善、环境规章制度的建立与强化、环保机构与体制的改革以及环境规制政策的创新与实践，实现了环境规制政策的显著加强和完善。这一阶段的显著特点为逐步完善的环境法律体系、逐步完善的环境监管机构、行政命令和市场工具相互补充。

（四）创新发展阶段

2003 年至 2011 年，中国环境规制进入创新发展阶段。随着中国经济的持续快速增长，特别是在工业化、城市化进程加速的背景下，环境保护的压力和挑战也日益增大。面对这一形势，中国政府高度重视环境保护，积极推动环境规制体系的创新与发展。这一时期，国家出台了一系列政策和法规，推动环境保护工作的深入开展，并在多个方面取得了显著成果。2003 年，《清洁生产促进法》和《排污费征收使用管理条例》的出台，进一步推动了企业向清洁、高效的生产方式转型，同时也为污染治理提供了经济激励。2005 年，《可再生能源法》的颁布，为中国可再生能源的发展提供了政策保障。2008 年，《节约能源法》的修订和《水污染防治法》的更新，进一步强化了节能减排和水资源保护的重要性。2005 年至 2007 年，原国家环境保护总局掀起了三次环保风暴，严厉打击了环境违法行为，树立了环境执法的权威。2010 年，《环境行政处罚办法》的发布，为环境执法提供了更加明确的指导，提高了执法效率。2011 年，《国务院关于加强环境保护重点工作的意见》的发布，为环境保护工作指明了方向，提出了具体的工作要求。《节能汽车补贴政策》的推出，不仅鼓励了消费者购买节能汽车，也推动了汽车产业的绿色转型。2007 年，《环境信息公开办法（试行）》的实施，提高了环境信息的透明度，方便了公众了解和参与环境保护工作。《中国环境标志使用管理办法》的出台，规范了环境标志的使用，提高了绿色产品的市场竞争力。2008 年，国家环境保护部的组建，标志着中国环境保护工作的组织结构进一步优化，为环境规制的创新发展提供了有力保障。国家积极推广绿色发展理念，鼓励企业采用清洁生产技术、发展循环经济等。此外，还出台了一系列政策措施，如绿色信贷、绿色税收等，推动绿色产业的发展。为了加强公众参与环境保护工作，国家鼓励和支持公民、法人和其他组织依法参与环境保护工作。例如，建立了环境信息公开制度、环境举报制度等，方便公众了解环境信息、参与环境监督。总之，环境规制的创新发展阶段展露出其独特的发展态势，其中显著特点包括环境法律体系日臻完善；多部门、多层级协同监管；政策工具多样化、互补性强。

（五）全面提升阶段

自2012年以来，中国环境规制的发展进入全面提升阶段。在这一阶段中国环境污染形势日益严峻，空气污染尤其突出。根据《2012中国环境状况公报》的数据，2012年中国废气中二氧化硫排放量为2117.6万吨，氮氧化物排放量为2337.8万吨，这些污染物的大量排放是导致空气污染的主要原因。除空气污染外，水体污染问题也日益突出。面对严峻的环境污染形势，中国自2012年以来加强了环境规制的发展。这一阶段的显著特点体现在法律法规不断完善、体制机制持续改革、政策密集出台以及公众参与程度的提升等方面。在核心法律的修订方面，《环境保护法》在2014年经过修订后正式实施，为环境保护提供了更为坚实的法律基础。此外，《大气污染防治法》《海洋环境保护法》和《水污染防治法》分别在2015年、2016年和2017年进行修订，以适应新形势下环境保护的需要。在新法律的颁布方面，2016年《环境保护税法》的出台，标志着中国环境保护进入了“税收治污”的新阶段。2018年，《土壤污染防治法（草案)》的公布，为土壤污染防治提供了法律保障。在体制机制改革方面，2016年发布的《关于省以下环保机构监测监察执法垂直管理制度改革试点工作的指导意见》，推动了环保监测监察执法工作的垂直管理改革，有效提升了环保部门的执法能力和效率。2018年的《深化党和国家机构改革方案》对环境保护部门的职能进行了调整和优化，使其更加适应生态文明和社会可持续发展的需要。在政策和标准方面，2014年发布的《关于进一步推进排污权有偿使用和交易试点工作的指导意见》以及2017年发布的《全国碳排放权交易市场建设方案（发电行业)》，推动了排污权和碳排放权的市场化交易，促进了环境资源的优化配置。2024年以来出台的一系列新的环保政策和标准，如《中央预算内投资项目监督管理办法》，为环保项目的投资和管理提供了更为明确的指导。在公众参与方面，2015年实施的《环境保护公众参与办法》鼓励了公众参与环境保护的积极性和热情，提高了公众对环境保护的关注和参与度。2018年将生态文明和“美丽中国”写入宪法，进一步提升了公众对生态文明建设的认识和重视。

综上所述，自2012年以来，中国环境规制的发展在法律法规、体制机制、政策和标准以及公众参与等方面都取得了显著成效，为生态文明和社会可持续发展提供了有力保障。

二、环境规制的工具类型

随着全球资源和环境挑战的不断加剧，中国政府部门在环境规制领域的工具创新与完善显得越发重要。这些多元化的环境规制工具，在减少污染企业排放成本、激励其开展清洁技术创新方面，发挥着至关重要的作用。本节将深入剖析中国环境规制工具的种类，并细致分析它们在实际应用中所展现出的实施效果。

在环境规制工具的学术研究中，众多学者基于不同的视角和理论框架提出了多元化的分类体系。Vedung（1998）将其归结为经济激励型、法律工具和信息工具三大类别，这种分类凸显了环境规制在经济、法律及信息传递层面的多维度作用。而 Schuster（1997）提出可代表“政府城市设计政策实施”的经营、监管、激励、建立、信息五类工具，展现了环境规制工具的广泛性和复杂性。Word Bank（1997）则从市场的角度进行分类，将其细化为利用市场、创建市场、直接的环境规制和公众参与的环境规制，这种分类方式突出了市场机制在环境规制中的核心地位。马士国（2009）则提出了命令—控制型、基本类型的市场化以及衍生型的市场化环境规制工具，这种分类方式更侧重于政府与市场在环境规制中的互动关系。然而，赵玉民、朱方明和贺立龙（2009）的分类方法，将环境规制明确区分为正式环境规制和非正式环境规制，这一分类框架因其全面性和实用性而广受认可。正式环境规制，也被称为显性环境规制，包含了命令型、市场型和自愿参与型环境规制工具，这些工具具有明确的法律基础和强制力，能够有效地引导企业的环境行为。而非正式环境规制，即隐性环境规制，则通过社会规范、道德约束等方式间接影响企业的环境决策，其优势在于灵活性和持久性。本书在赵玉民等研究的基础上，结合金碚（2009）和张蕊（2014）的研究成果，进一步深化了对环境规制工具的认识。本书依据环境规制的特征，将其分为正式环境规制和非正式环境规制两大类，并详细阐述了这两大类中不同工具的具体含义、类型特点。从表 5－2 中可以看出，正式环境规制工具可进一步细分为命令型环境规制和市场型环境规制。

表 5－2　　　　环境规制的分类及比较

规制类型	具体含义		类型特点	优势及劣势
正式环境规制	命令型环境规制	政府通过立法和制定严格的规章制度，明确环境保护的目标和标准，并以行政命令的形式强制要求企业严格遵守这些规定，对任何违反标准的企业将依法予以严厉的处罚	具有强制性特征	优势：强制性法律政策在全球范围内得到广泛采纳，在发展中国家，它更是成为主导的环境规制手段 劣势：企业在满足严格的环保标准时，往往需要投入大量的资金和资源用于污染控制，这些成本往往远超过降低产量的成本。这不仅增加了企业的运营成本，也导致了产品价格的上升，可能削弱其市场竞争力。统一的环境规制标准对不同技术水平的企业一视同仁，这在一定程度上抑制了高新技术企业的创新动力
	市场型环境规制	借助市场机制的力量，激励企业在追求利润最大化的过程中主动选择有利于控制环境污染的决策	具有市场性特征	优势：能够以更低的费用达到相同的环境规制目标。这种方法不仅能够刺激企业积极创新，研发和应用先进的污染减排技术，还能够降低环境污染控制成本，从而为企业带来更高的利润 劣势：虽然它能够短期内激励企业减少污染排放，但缺乏对污染治理以及技术进步的长期有效激励
非正式环境规制	也称为隐性环境规制，是指由于民众的环保思想、环保态度或环保认知的改变，从而通过个体或社会组织发挥对环境的监督管理作用		具有自发性特征	优势：参与范围广泛，环境改善的效果更为直接、显著，这种规制方式对于环境保护的意义远超过简单的污染治理，它巧妙地填补了正式环境规制在中小企业监管上的空白，为工业污染减排和产业结构升级注入了新的活力 劣势：对企业的经济效益可能会产生不利影响；在中国财政分权的制度下，非正式环境规制的治理效果在某些地区可能存在差异，这种不平衡可能会影响到整体环境治理的效率和公平性

资料来源：在金碚（2009）、赵玉民，朱方明，贺立龙（2009）和张菡（2014）的研究基础上整理得到。

（一）正式环境规制

命令型环境规制工具，也叫命令—控制型环境规制工具或者行政型环境规制，是指政府通过立法或制定行政部门的规章、制度来满足环境规制的目标和标准，并以行政命令的方式强制要求企业来遵守，对于违反相应标准的企业进行监督和处罚（王文普，2012）。这类环境规制具有强制性，污染企业只能按照规章制度遵守，否则就会受到法律制裁或行政处罚。此类代表性的环境规制工具有环境标准、技术标准、基于环境标准的排放标准和建设项目三同时制度等。20 世纪 80 年代之后，虽然行政型环境规制仍是世界各国尤其是发展中国家的主要政策，但在某些情况下，为了达到减排目标，大多数企业通过减少产量来降低成本，而企业用于控制污染的成本远远大于降低产量的成本，从而使产品价格较高；加之，不同发展水平的企业面临相同的减排标准，企业采用高科技的清洁技术不能获得直接的经济效益，企业缺乏进行技术创新的动力激励（江珂，2009）。因而，由命令型环境规制导致的高成本、低效率受到了广泛批评，而基于市场激励的环境规制和自愿参与型环境规制开始受到世界各国的广泛重视。

市场型环境规制，也叫经济激励型环境规制，是指政府部门利用价格和费用等市场化手段，通过激励企业绿色技术创新来降低环境污染水平。市场型环境规制的主要特点是市场性，包括排污费制度、可交易许可证和政府补贴等方式。中国常见的经济激励型环境规制手段主要有环境税费、排污费、补贴、押金返还制度和可交易许可证等（刘伟，童健，薛景等，2017）。基于市场激励的环境规制的灵活性较强，使经济主体获得一定的选择权和采取行动的自由，对企业采用廉价和较好的污染控制技术具有较大的经济激励效应（赵玉民，朱方明，贺立龙，2009）。但在市场体系不健全时，例如排污权定价问题、排污费的费率制定问题致使市场型环境规制工具无法有效地发挥作用；此外，经济主体对市场型环境规制工具的反映存在时滞性。

（二）非正式环境规制

非正式环境规制也叫隐性环境规制，以环保主义者以及一般社会公众主导的非正式环境规制。非正式环境规制是指由于民众的环保思想、环保态度或环保认知的改变，从而通过个体或社会组织发挥对环境的监督管理作用。它包括了具有强烈环保意识的民众对于环境问题的集体抗议行为以及建立具有监督功能的社会组织来实现环境问题的改善。非正式环境规制的参与范围更广，环境改善效果也更为直接，且对于环境保护的意义更加深刻（赵玉民，朱方明，贺立龙，2009）。因此，相对于政府主导的正式环境规制而言，来自民众监督以及社会舆论压力的非正式环境规制逐渐受到学者的关注。非正式环境规制在某种程度上弥补了正式环境规制无法对中小企业进行全面监管的不足，对工业污染减排以及产业结构升级均具有积极影响（崔立志，常继发，2018）。但在研究非正式环境规制与经济绩效的影响时，Ren 等（2019）基于DID模型进行实证研究，表明环境规制可以对企业的环保业绩产生正面积极的作用，但对于企业的经济效益方面可能会产生不利影响。不仅如此，在中国财政分权制度下，非正式环境规制的治理效果不够平衡。

三、环境规制的实施效果

随着中国工业化的快速推进和经济粗放式发展，大气污染、水污染和固体废弃物污染等环境污染日益加重，生态矛盾更加突出，政府、企业、公众对环境问题关注度和重视程度也急剧提高。从图5－1可以看出，自2001年以来，不论是在环境治理投资总额①、城市环境基础设施建设投资还是工业污染源治理投资上，整体上都呈现出上升的趋势。其中，环境治理投资总额增长势头最为迅猛，这也间接地表明了环境治理的紧迫性；城市环境基础设施建设投资的攀升，在一定程度上反映了人们对城市居住环境要求的提高；工业污染源治理投资的上升，从侧面也反映出环境规制强度的不断提高。

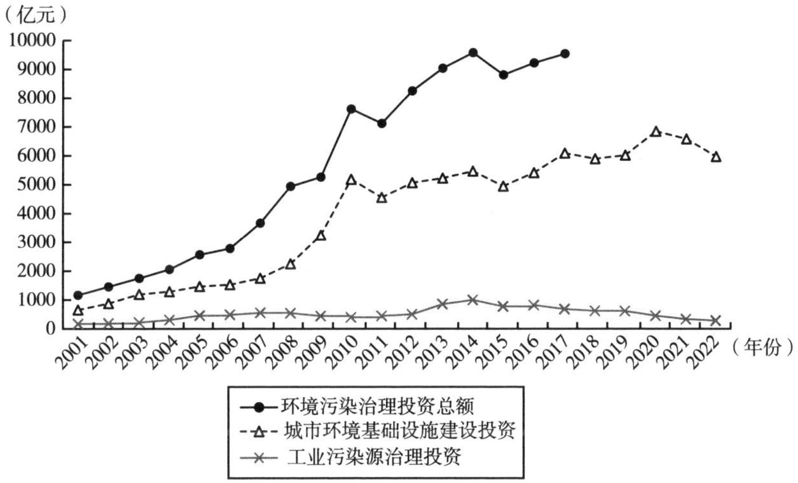

图5－1　中国环境投资发展情况

资料来源：国家统计局。

① 根据国家统计局，环境治理投资总额的数据只更新到2017年，故图5－1中仅到2017年。

在不断完善的法律体系下，多部门、多层级的监管主体，通过灵活运用行政命令、市场工具和自愿工具，使环境恶化的势头得到一定程度的控制。随着转变经济发展方式的步伐加快，产业结构调整速度不断加快，节能减排取得了阶段性成果。“三废”排放量等污染物增长放缓，污染物总量开始下降。这对于调和经济增长与环境保护的矛盾，落实经济、政治、文化、社会、生态“五位一体”总体布局，具有非常重要的意义。

从不同的环境污染形态对环境规制的实施效果进行评析。从图 5－2 可以看出，2003—2010 年，中国工业废气排放量呈现出一个较快的增长势头，尤其是在 2008 年金融危机爆发以后，在稳增长的压力和四万亿元投资的刺激下，工业废气排放量增长速度明显提升。随着后来中国更加严厉的环境规制政策的实施，以及公众对雾霾等空气污染问题的广泛关注，工业废气排放得到了一定程度的控制。尤其是新的生产工艺和脱硫技术的应用，使中国二氧化硫排放总量较早地呈现出下降趋势。由此，一方面，虽然中国废气排放强度得到了控制，但巨大的排放总量使中国未来的减排任务仍然面临着巨大的压力；另一方面，二氧化硫总量的减少也可以看出中国大气污染防治行动取得了一定的成效。

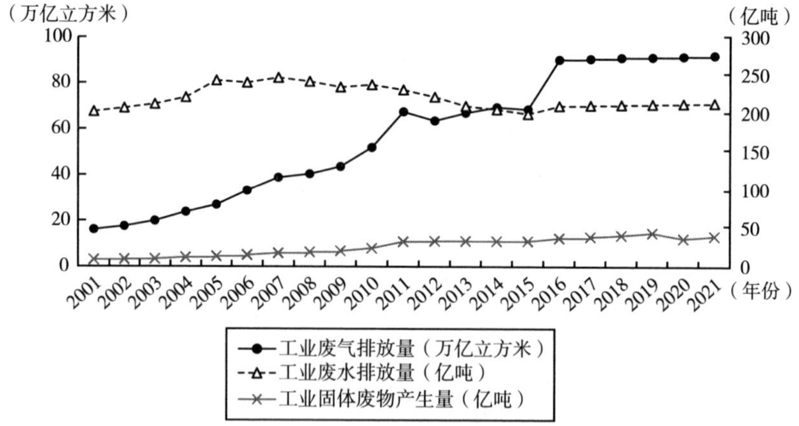

图 5－2　中国工业三废排放量

资料来源：中国环境统计年鉴。

从图 5－2 可以看出，工业废水排放量呈现出先上升后下降的倒“U”形趋势，原因在于国家对工业污染的治理力度进一步加大，重点生态功能区环境保护和污染企业整治成效显著，尤其是化工、冶金、造纸、印染等高水污染行业实现了“控源减排”，重点污染治理成效显著。但是，以输油管道、污水沟道、交通干线等分布为特点的线状污染源，以及农药、化肥等污染物所造成的污染源，正日益成为危害极大、难以监测、覆盖范围广的新型污染途径，必须引起高度重视和采取更加科学有效的行动。

此外，从图5－2还可以看出，21世纪初中国工业固体废弃物产生量增长快速，2011年以来则表现出阶段性稳定的状态，固体废弃物的环境规制效果开始显现。但工业固废绝对数量仍然很大。因此，未来在减少固体废弃物产生、提高综合利用率、优化处理方式上仍需增强投入力度，做到减量化、资源化和无害化处理。总体而言，中国环境规制的实施虽然取得了一定成绩，但也面临着巨大压力。

为了更加直观地反映愈加严格的环境规制对经济增长的影响，本书使用GDP作为经济效果的指标来度量环境规制的经济效果。从图5－3可以看出，自2003年以来，中国GDP一直保持着快速增长的势头，虽然2008年金融危机对中国造成了比较大的冲击，以及中国经济开始步入“新常态”，但总体上仍然保持着中高速的增长势头，增加量仍然不容小觑。同时，由图5－3可知，中国二氧化碳排放量在2013年以前呈上升趋势，在2013年之后，呈现出短期的下降趋势，之后又再次攀升，这与中国在2013年实施严格的环境规制政策有关，有效的环境规制政策通过促进产业结构高度化、提高能源利用效率，从而有效地降低了中国的二氧化碳排放量。

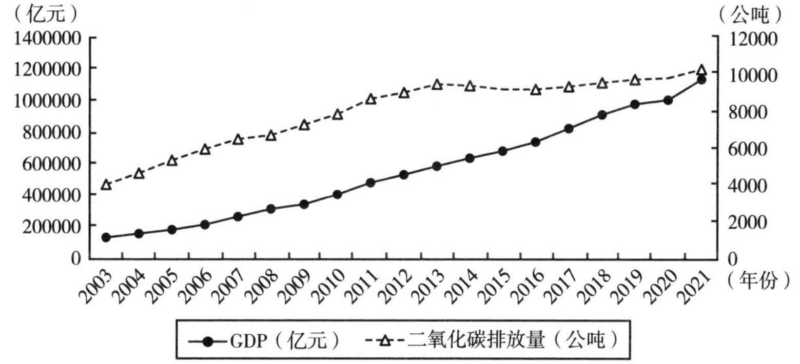

图5－3　中国GDP增长情况和二氧化碳排放量

资料来源：中国统计年鉴，中国碳排放核算数据库。

根据图5－2和图5－3，工业废气排放量增长速度自2011年后趋于平缓，符合“相对脱钩”的特征，即根据“脱钩理论”，在经济快速发展的同时，资源利用和环境压力增加相对较少，经济发展与环境压力的相对距离开始拉大但程度较弱，反映出更加严格的环境规制在控制工业废气排放与保持经济增长上取得了一定成效，但也存在着规制效果仍然较弱的特点，规制手段和方法仍需进一步完善。

总体来说，中国环境机构和环境立法逐步完善，环境规制工具类型不断完善。中国现阶段执行的环境评价制度、建设项目“三同时”制度等行政型环境规制工具得到了较好执行，排污收费制度和排污交易许可证制度等市场型环境规制工具的影响范围逐渐扩大，效果日益显现，工业三废排放量等污染物增速放缓，污染物总量开始下降。非正式环境规制逐渐兴起，企业和公众参与环境保护的意识不断增强，单位工业排放污染强度逐年下降，从 2003 年的 14. 74 下降到 2013 年的 4. 75，单位产值的“三废”排放量大幅下降（刘伟，童健，薛景等，2017）。不同类型的环境规制工具共同发挥作用，使中国的环境治理效果不断显现。但是，从上文的环境规制的实施成效可以看出，虽然各种污染物排放的增长速度放缓，但是总体趋势还是上升，中国的环境污染减排道路仍然面临重要的挑战，减排压力巨大。因此，有必要探究如何充分发挥环境规制的减排效应，促进经济高质量发展。

第二节　中国经济高质量发展的历程及现状

一、中国经济高质量发展的历程

基于中国经济体制的转变、政策导向的变化以及经济增长的特点，可以将中国经济的发展历程大致划分为三个时期，这三个时期体现了中国经济从封闭到开放、从计划经济到市场经济的转型过程。

1. 计划经济时期（1949—1978 年）

在这一时期，中国实行了计划经济体制，这是一种以国家指令性计划来配置资源的经济体制。在这种体制下，国家对经济进行了高度集中的控制和规划，经济活动主要由政府决策和指导。在工业化方面，国家主导了以国有企业为主体的工业化进程，重点发展重工业和国防工业，通过计划经济体制集中全国的资源，实现经济的快速发展。农村则开展了集体化运动，农民加入农业生产合作社，农业生产也由合作社统一管理和计划。在经济增长动力方面，这一时期主要依赖于资本投入和劳动力扩张。在计划经济时期，市场机制遭到了显著的抑制。价格信号和资源分配主要由政府计划决定，而不是依靠市场供求关系来调节。在这种经济模式下，政府制订详细的经济计划，确定生产什么、生产多少、如何生产以及分配给谁等关键经济决策。因此，经济增长的效率和可持续性受到了一定程度的限制。然而，计划经济体制在特定历史时期也发挥了重要作用，如快速建立了较为完整的工业体系，提高了国家的整体经济实力和国际地位。但随着时间的推移，计划经济体制的弊端也逐渐暴露出来，如资源配置效率低下、创新能力不足、消费品短缺等问题。

这一时期的经济发展显著地展现出了三个核心特征。首先，它表现为一种高度集中的经济体制，其中国家在经济活动中占据着举足轻重的地位。国家通过全面规划和细致控制，主导着生产、资源分配和产品消费的各个环节。其次，这一时期的经济运行显著依赖于指令性计划。政府精心制订并严格执行详尽的指令性计划，以此引导经济活动的方向，企业和个人则通常需遵循这些计划进行生产和消费。最后，国有化和集体化是这一时期经济结构的显著特点。许多关键产业以及农村经济组织被纳入国有或集体所有制之下，由国家进行统一管理和资源调配，以确保经济运行的协调性和效率。

这一时期经济发展的核心政策有以下三点，一是优先发展重工业。为了快速实现工业化，国家采取优先发展重工业的战略，通过高度集中的人力、物力和财力来支持重工业的发展。二是农业集体化运动。在农村地区推行农业合作化和集体化，将个体农民组织起来，实行集体劳动和统一经营。三是价格管制和物资调配。政府对大部分商品和服务价格进行严格管制，并通过物资调配来满足各地区和各部门的需要。

2. 改革开放初期（1978—1992 年）

以邓小平为核心的中国领导人决定推行改革开放政策，这一决策标志着中国经济体制的重大转变。为了逐步放活经济，国家引入了市场机制和外资，允许并鼓励民营经济的发展。这样的改革极大地激发了个人的积极性和创造力，使经济增长明显加快。与此同时，由于对外开放政策的实施，外贸和外资进入大幅增加，为中国经济注入了新的活力。特别是在沿海地区和一些开放的城市，受益于地理位置和政策优势，它们实现了快速发展，成为中国经济增长的重要引擎。这些地区的繁荣不仅带动了当地经济的腾飞，也为全国的经济增长做出了重要贡献。总的来说，改革开放初期的经济政策为中国经济的持续快速增长奠定了坚实基础，也为中国走向世界舞台中央铺平了道路。

这一时期经济发展的显著特征主要体现在四个方面：首先，经济体制实现了历史性的转轨，从传统的计划经济体制逐步迈向充满活力的市场经济体制，市场在资源配置中的核心作用日益凸显，为经济的全面发展注入了新的活力。其次，农村改革成为引领经济发展的重要力量。农村家庭联产承包责任制的成功推行，极大地激发了广大农民的生产积极性和创造力，为农村经济的蓬勃发展奠定了坚实的基础，也为整个国民经济的快速增长提供了有力支撑。再次，对外开放政策得到了进一步扩大和深化。从设立经济特区为起点，中国逐步扩大了对外开放的领域和范围，积极吸引外资，推动对外贸易的蓬勃发展，有效促进了国际经济交流与合作，为经济的全球化发展提供了重要机遇。最后，这一时期的经济增长呈现出高速态势。中国经济实现了持续、稳定、健康的发展，GDP 增速连续多年保持在较高水平，成为全球经济增长的重要引擎，也为国内人民生活水平的提高和社会全面进步提供了坚实保障。

这一时期经济发展的核心政策有以下四点：一是农村家庭联产承包责任制，这是改革开放初期最重要的政策之一，通过实行家庭联产承包责任制，使农民获得了土地的经营权和收益权，极大地激发了农民的生产积极性。二是对外开放政策，中国逐步扩大对外开放，设立经济特区，吸引外资，推动对外贸易的发展。同时，也加强了与其他国家的经济合作和交流。三是企业改革，国有企业改革开始启动，通过放权让利、承包经营责任制等措施，逐步增强企业的自主经营权和活力。同时，也鼓励和支持乡镇企业和民营企业的发展。四是价格改革，逐步放开价格管制，让市场在价格形成中发挥更大的作用。这有助于促进资源的合理配置和经济的健康发展。

3. 市场化发展时期（1992 年至今）

这一阶段是中国经济高速增长的时期，主要采取市场化改革措施，加强对市场经济的建设和规范。国有企业改革加速推进，私营经济蓬勃发展，外贸和外资持续增长，城乡居民收入水平明显提高。同时，中国逐步成为全球制造业中心和重要的经济体。市场化发展阶段可以进一步划分为以下四个阶段，这些阶段体现了中国经济高质量发展的演变过程。

（1）初期市场化阶段（1992—2000 年）

在这一阶段，中国加速推进市场化改革，实行了一系列开放政策，吸引了大量外资和技术引进。特别是沿海地区和一些重点城市，率先实现了经济快速增长和现代化建设。中国经济逐步放开市场，国有企业改革取得初步成果，外贸和外资开始蓬勃发展。城镇化率持续上升，GDP 增长率稳步增长。这一阶段的典型特征为市场经济体制初步确立、对外开放进一步扩大、国有企业改革深化、私营经济蓬勃发展、经济增长速度加快、城镇化进程加速。

这一阶段的核心政策主要包括以下五点：一是明确建立社会主义市场经济体制，通过党的十四大等会议，明确了建立社会主义市场经济体制的目标，为市场化改革指明了方向。二是深化国有企业改革，通过推进股份制改革、建立现代企业制度等措施，深化国有企业改革，提高国有企业的活力和竞争力。三是扩大对外开放，实施更加开放的贸易和投资政策，包括设立经济特区、经济技术开发区等开放区域，吸引外资和技术。四是鼓励和支持私营经济发展，通过制定一系列政策措施，鼓励和支持私营经济的发展，为其提供良好的发展环境。五是推进城镇化建设，实施城市化战略，推动农村剩余劳动力向城市转移，加快城镇化进程。

中国经济在这一阶段取得了显著的发展成效。根据国家统计局公布的数据可知，GDP 增长率从 1992 年的 14.2% 开始，连续多年保持在 8% 以上的高速增长。在对外贸易方面，1992 年的出口总额为 840 亿美元，而到了 2000 年，出口总额已飙升至 2492 亿美元，年均增长率超过 15%。同时，进口总额也从 1992 年的 720 亿美元增长到 2000 年的 2251 亿美元，展现了强劲的贸易活力。在外资利用方面，1992 年中国实际利用外资额为 110 亿美元，而到了 2000 年，这一数字增长到 408 亿美元，年均增长率超过 15%，彰显了对外资的强大吸引力。科技领域也取得了显著的进步，国内科学研究与试验发展（R&D）经费总支出从 1992 年的较低水平增长到 2000 年的 896 亿元，占当年 GDP 的比重为 1.0%，使中国跃居发展中国家前列。此外，产业结构也实现了优化，高新技术产品出口额在 2000 年达到了 247 亿美元，展现了产业结构的升级和转变。企业改革方面，国有企业改革取得了初步成果。通过推进股份制改革、建立现代企业制度等措施，国有企业的活力和效率得到了显著提升。与此同时，私营企业也实现了快速发展，成为推动经济增长的重要力量。此外，城镇化率从 1992 年的 27.63% 增加到 2000 年的 36.22%，标志着中国城市化进程的加速推进。

1992 年至 2000 年，中国经济开始探索高质量发展的道路。在这一阶段，中国经济发展已经不仅追求速度，而是更加注重质量和效益。中国政府和企业逐渐认识到单纯追求经济增长速度并不是长久之计，开始注重经济增长的质量和可持续性。中国继续深化对外开放，积极参与全球经济合作与竞争。政府加大了对科技和教育领域的投入，推动了科技进步和创新能力的提升。然而，这一阶段也存在一些不足：资源环境压力仍然较大：尽管开始关注可持续发展，但在某些地区和行业，资源消耗和环境破坏问题仍然存在。这需要未来进一步加大环保力度和资源利用效率的提升。经济结构仍需进一步优化：虽然开始探索经济结构调整和产业升级，但整体而言，经济结构仍存在一定的不合理之处，需要进一步加强改革和调整。

（2）快速增长阶段（2001—2008 年）

中国于 2001 年加入世界贸易组织（WTO），这一时期经济增长更加迅猛。中国成为全球制造业的主要基地之一，外贸和外资大幅增长，城市化进程加速，人民生活水平显著提高。中国加入世界贸易组织（WTO）后，经济迅速增长，外贸和外资进一步增加，城镇化率和 GDP 增长率显著提高。这一阶段经济发展的典型特征主要表现为两点：一是激活外需并成为全球最大的“世界工厂”。自 2001 年加入 WTO 以来，“中国制造”产品迅速走向世界，外需成为拉动经济增长的重要引擎，推动中国经济在这一阶段显著增长，从而确立了其作为全球最大“世界工厂”的地位。二是经济高速增长与产业结构优化。在此期间，中国经济增速从 8.3% 一路飙升到 2007 年的 14.2%，出口增速平均高达 29%。同时，服务业（即第三产业）的比重也在逐步提高，显示出产业结构的优化和升级。

这一阶段的核心政策有以下四点：一是坚持对外开放，加入 WTO 后，中国继续坚持对外开放的基本国策，积极参与全球经济合作与竞争，推动对外贸易和投资自由化便利化。二是扩大内需，在金融危机之前，中国已经开始重视扩大内需，通过提高居民收入、完善社会保障体系等措施，刺激国内消费和投资需求。三是推进市场化改革，这一时期，中国继续深化市场化改革，完善社会主义市场经济体制，推动国有企业改革，发展民营经济，优化营商环境。四是加强宏观调控，在面对国内外经济波动时，中国政府加强宏观调控，采取适当的财政政策和货币政策，保持经济稳定增长。

在2001年至2008年，中国市场经济取得了显著的成效。国内生产总值从95933亿元增长到300670亿元，年均增长率保持在较高水平，特别是在2003年至2007年，连续五年实现了两位数增长。产业结构调整明显，一、二、三次产业比例发生了显著变化，第三产业比重显著提高。2008年一、二、三次产业比例分别为11.3%、48.6%和40.1%，显示出经济结构向更加合理和高效的方向发展。人均国内生产总值也实现了大幅增长，2008年人均GDP超过3000美元，达到3194美元，标志着中国已步入上中等收入国家行列。此外，对外贸易也保持活跃，进出口贸易总额持续增长，2008年中国进出口贸易总额达到25616.3亿美元，彰显了中国经济的开放性和国际竞争力。就业规模持续扩大2008年城镇就业人数达到3.21亿人，城乡居民收入稳步提高，2008年全国城镇居民人均可支配收入为1.55万元，人民生活水平显著提升。

2001年至2008年的中国经济，仍然处于探索高质量发展的阶段。这一时期，中国经济保持了较快的增长速度，为全球经济做出了重要贡献。这种增长不仅提高了人民的生活水平，也为国家积累了更多的财富。加入WTO后，中国积极参与全球经济合作与竞争，对外贸易快速增长，这有助于提升中国的国际地位和影响力。政府积极推动产业结构的调整和优化，大力发展高新技术产业和服务业，促进了经济结构的转型升级。然而，这一阶段也存在一些不足：资源环境压力较大：在追求经济增长的过程中，资源消耗和环境破坏问题逐渐凸显。这需要未来更加重视可持续发展和绿色经济。创新驱动发展有待加强：虽然已经开始注重科技创新，但整体而言，创新能力和水平还有待进一步提升。需要加强研发投入和人才培养，推动创新驱动发展战略的实施。

（3）调整与转型阶段（2008—2012年）

全球金融危机爆发后，中国政府采取了一系列刺激政策，促进内需和投资，维护经济稳定增长。同时，中国经济开始进行结构性调整，逐步转向依靠内需和创新驱动的发展模式。在这一阶段，中国经济呈现出三大显著特征。首先，2008年全球金融危机对中国经济产生了深刻的影响，面对前所未有的挑战，中国经济不仅展现了强大的韧性，更在逆境中焕发出蓬勃的活力。其次，为了应对金融危机的冲击，中国政府果断进行经济结构的调整与优化，积极推动产业升级和转型。在这一过程中，中国的制造业、高新技术产业以及现代服务业均取得了显著的进步与发展。最后，面对全球经济不景气的环境，中国政府采取了内需驱动型增长策略，通过扩大消费、刺激投资等方式，有效拉动了经济增长。在这一阶段，中国的消费市场持续扩大，成为推动经济增长的重要引擎。

这一阶段的核心政策有以下四点：一是宏观调控政策，为了应对全球金融危机的冲击，中国政府采取了一系列宏观调控政策来稳定经济。这包括调整财政政策和货币政策，加大基础设施建设投资力度，降低企业税负等。二是产业政策，为了推动经济结构调整和产业升级，中国政府制定了一系列产业政策。这包括鼓励高新技术产业和战略性新兴产业的发展，支持传统产业的转型升级等。三是扩大内需政策，为了拉动内需增长，中国政府出台了一系列政策。这包括提高居民收入水平、完善社会保障体系、优化消费环境等。同时，政府还鼓励企业加大投资力度，扩大生产规模。四是区域发展政策，为了促进区域协调发展，中国政府制定了一系列区域发展政策。这包括推动西部地区大开发、振兴东北老工业基地、促进中部地区崛起等。同时，政府还加强了对城乡发展的统筹协调，推动城乡一体化发展。

2008 年至 2012 年，中国经济发展取得了显著成效。GDP 快速增长，中国 GDP 总量从 2008 年的 31.92 万亿元人民币增至 2012 年的 53.86 万亿元人民币，年均增长率保持在较高水平。产业结构优化，制造业、高新技术产业和现代服务业等领域得到快速发展。例如，农副食品加工业、纺织业、通用设备制造业等规模以上工业增加值均有显著增长。高技术制造业增加值比上年增长 12.2%。内需驱动型增长的成效显著，消费市场持续扩大，成为经济增长的重要动力。例如农村旅游接待人数从 2008 年的 2.27 亿人次增加到 2012 年的 8.28 亿人次，农村旅游收入从 600 亿元增加到 1800 亿元，增长了 3 倍以上。农村经济的显著发展，农村基础设施投资力度加大，农村道路、电力、通信等基础设施得到显著改善。全国乡村公路里程增加了 100 万公里以上，农村电网覆盖率提高到 99.3% 以上。财政收入增长，2012 年公共财政收入为 117253.5 亿元，占当年 GDP 比重为 22.6%。总结来说，2008 年至 2012 年，中国经济在面临全球金融危机的挑战下，依然保持了快速增长的态势，通过经济结构的调整和优化，以及内需驱动型增长策略的实施，取得了显著的成效。特别是在农村经济发展、产业结构优化和内需扩大等方面，均取得了令人瞩目的成绩。

2008 年至 2012 年的中国经济，可以认为是高质量发展阶段的进一步探索和实践。中国政府积极推动经济转型和结构调整，加强内需驱动，促进消费和服务业的快速发展。同时，也加大了对科技创新和环保产业的支持力度，推动经济结构向更加优化、可持续的方向发展。在此期间，随着中国经济的持续发展和对外开放的不断扩大，中国在全球经济中的地位不断提升。中国成为全球重要的贸易伙伴和投资目的地，为全球经济增长做出了重要贡献。中国政府注重社会稳定和民生改善，通过加大公共投入和改善收入分配等措施，提高了人民的生活水平和幸福感。然而，这一阶段也存在一些不足：资源环境压力依然较大：尽管开始重视可持续发展和绿色经济，但在实际操作中，资源消耗和环境破坏问题仍然存在，需要进一步加强环境保护和资源利用效率的提升。经济波动和风险挑战：受全球经济形势的影响，中国经济也面临一定的波动和风险挑战。需要加强宏观调控和政策协调，保持经济的稳定增长和抗风险能力。

（4）高质量发展阶段（2013 年至今）

中国经济转向高质量发展阶段，提出了供给侧结构性改革等一系列改革举措，注重发展质量和效益。城镇化率继续提高，GDP 增长率放缓但质量提升。

在 2013 年至今这一阶段，中国经济展现出了一系列鲜明的典型特征。首先，经济结构调整与产业升级成为核心驱动力。中国政府坚定推进经济结构的深度调整与产业的全面升级，致力于从传统的高速增长模式转向更加注重质量和效益的高质量发展阶段。这一过程中，创新成为关键动力，高新技术产业、绿色经济和数字经济等新兴产业蓬勃发展，同时传统产业也通过技术改造和升级焕发新的活力。其次，内需驱动型增长成为经济增长的重要引擎。中国政府坚定不移地实施扩大内需战略，通过提升居民收入水平、改善消费环境、优化供给结构等一系列措施，有效激发了消费市场的巨大潜力，使其成为推动经济增长的重要力量。此外，对外开放水平显著提升。中国积极参与全球经济治理体系改革，推动更高水平的对外开放。自由贸易试验区、海南自由贸易港等开放创新举措的实施，以及“一带一路”国际合作的深化，为中国经济注入了新的活力，推动了全面开放新格局的形成。最后，绿色发展理念贯穿始终。中国政府高度重视生态文明建设，将绿色发展作为经济发展的重要原则。通过加强生态环境保护、推动绿色能源发展、促进绿色消费等措施，中国实现了经济发展与环境保护的良性循环，为子孙后代留下了更加美好的生态环境。

这一阶段的核心政策主要包括以下三点：一是供给侧结构性改革，中国政府提出供给侧结构性改革，旨在通过优化供给结构、提高供给质量、满足有效需求，推动经济高质量发展。创新驱动发展战略：中国政府坚持创新驱动发展战略，加强科技创新和人才培养，推动科技成果转化和产业升级。同时，加强知识产权保护，激发创新活力。二是区域协调发展战略，中国政府提出区域协调发展战略，推动城乡融合发展和区域协调发展。通过实施区域重大战略、区域协调发展战略、主体功能区战略等，优化国土空间布局，促进区域均衡发展。三是乡村振兴战略，中国政府实施乡村振兴战略，推动农业农村现代化。通过加强农村基础设施建设、促进农村一、二、三次产业融合发展、提高农民收入等措施，缩小城乡差距，实现城乡共同繁荣。

2013 年至今，中国经济发展成效显著。第一，经济总量稳步增长，GDP 从 59.3 万亿元人民币增至 126.06 万亿元人民币，年均增长率领先全球，巩固了世界第二大经济体的地位。第二，经济结构调整与产业升级取得显著成果。服务业比重从 46.1% 提升至 54.6%，成为经济增长的新引擎。高新技术产业、绿色经济和数字经济等新兴产业发展迅速，制造业规模连续 14 年位居全球第一。第三，内需驱动型增长成为重要动力。消费市场持续扩大，社会消费品零售总额从 23.4 万亿元人民币增至 47.15 万亿元人民币，年均增长稳定。居民收入提高，消费水平不断升级，人均 GDP 从 4.37 万元人民币增至 8.9 万元人民币。第四，对外开放水平进一步提高。货物进出口总额持续增长，贸易结构不断优化。自由贸易试验区、海南自由贸易港等开放创新举措，以及“一带一路”国际合作，为中国经济注入了新活力。第五，绿色发展理念深入人心。通过加强生态环境保护、推动绿色能源发展等措施，实现了经济发展与环境保护的良性循环。煤炭消费比重下降，清洁能源利用比重上升。总之，2013 年至今中国经济取得了显著成就，经济总量持续增长，结构调整与产业升级取得积极进展，内需与对外开放共同推动经济增长，绿色发展理念深入人心。

2013 年至今的中国经济可以被视为持续探索和践行高质量发展的阶段。尽管全球经济环境复杂多变，但中国经济仍然保持了稳定增长。政府采取了一系列措施来稳定经济增长，促进创新和转型升级。中国政府加大了对科技创新的投入和支持力度，推动了创新成果的涌现和应用。创新驱动发展战略逐渐成为经济发展的重要动力。随着经济的发展，中国的产业结构不断优化。服务业和高技术产业的比重逐渐增加，为经济增长注入了新的活力。中国继续推进开放型经济新体制建设，加强与世界各国的经贸合作和交流，促进了经济的全球化发展。然而，这一阶段也存在一些不足：资源环境和生态压力：虽然环保意识逐渐增强，但在某些地区和行业中，资源消耗和环境破坏问题仍然存在。需要进一步加强环保政策和措施的落实。经济结构调整的挑战：虽然产业结构有所优化，但要实现更加可持续的发展，还需要进一步推动经济结构的深层次调整和优化。这包括降低对传统高耗能产业的依赖，提高绿色、低碳产业的比重等。

二、中国经济高质量发展的成效

自 1978 年以来，中国不仅实现了城镇化的显著飞跃，城镇化率从约 17.9%攀升至 2023 年的 66.16%，标志着城市化进程取得了巨大成就，同时也在经济发展领域实现了高质量转型。中国经济增速从以往的双位数高速增长逐步调整为中高速增长，这一变化虽然减缓了增速，但显著提升了经济增长的质量。在工业产业结构方面，中国不断优化，服务业占比持续增加，高技术产业和现代服务业实现了快速发展，产业链水平也显著提升。特别值得一提的是，中国近年来在环境保护方面的投入和成效。随着可持续发展实践的深入推进，中国转变了粗放型发展方式，取得了显著成效。环境保护制度和相关法律法规不断完善，环保能力建设力度明显加大。污染防治和主要污染物减排取得了明显成效，环境质量如大气、水质等得到了显著改善，污染排放也得到了一定程度的控制。这一转变不仅体现了中国在经济发展与环境保护之间寻求平衡的决心，也展现了这一平衡取得的显著成果。自党的十八大以来，中国更是加强了生态文明建设和经济的可持续发展。环保意识深入人心，国际环保合作与交流日益密切，多方共同努力推动了中国生态文明建设的进步和经济的绿色、低碳发展。这一成就不仅提升了国内居民的生活质量和幸福感，也为全球可持续发展贡献了中国智慧和中国方案。

（一）环境保护制度逐步优化，法律规章制度不断完善

资源和环境保护立法是可持续发展法制保障的关键环节。在新时期，中国在资源和环境立法方面作出了不懈的探索，特别是党的十八大以来，共制定和修订环境保护相关法律 9 部，其中《土壤污染防治法》《核安全法》两部新法，填补了环境保护领域特别是土壤污染防治、核安全领域的立法空白。国务院制定的资源环境类行政法规和规章 19 件，修订了《放射性废物安全管理条例》《危险化学品安全管理条例》等多部行政法规。国务院有关部门、地方人大和政府结合具体情况制定和颁布了大量部门规章和地方性法规，使我国的生态环境法律框架体系更趋完善。在构建生态环境保护标准体系方面，生态环境部已发布实施 2011 项国家标准，其中质量标准包括气、水、土等领域共 17 项，排放类标准共 186 项，覆盖了主要行业和主要污染物，形成了更为完整的环境保护标准体系，为打好污染防治攻坚战提供标准方面的支撑。

（二）节能减排降耗成效明显，生态环境治理卓有成效

新时期以来，伴随着经济快速发展和环境状况变化，可持续发展理念不断深化，环境污染治理投资大幅提升。如表 5－3 所示，2012—2017 年的国家财政节能环保支出逐年增加，地方财政节能环保支出比例持续提高。环境污染治理投资总额总体上呈上升趋势，2017 年我国环境污染治理投资总额为 9538.95 亿元，是 2011 年的 1.34 倍，年均增长 3.58%。其中，城镇环境基础设施建设投资 6085.75 亿元，工业污染源治理投资 681.53 亿元，当年完成环境保护验收项目环境保护投资 2772 亿元。① 随着生态环境治理投入和治理能力不断提升，生态保护和建设不断取得新成效，环境污染治理投资总额占 GDP 的比重逐年下降，2017 年达到 1.15%。新时期中国可持续发展实践卓有成效，生态状况显著改善，主要体现在如下几个方面。

---

① 数据来源于 EPS 中国环境数据库，当前数据仅统计至 2017 年，因此利用该年份与 2011 年的数据做对比，以说明新时期中国特色可持续发展的环境保护成效。

表 5-3　2012—2017 年中国节能环保支出

年份	国家财政节能环保支出（亿元）	中央财政节能环保支出（亿元）	地方财政节能环保支出（亿元）	环境污染治理投资总额（亿元）	城市环境基础设施建设投资额（亿元）	工业污染源治理完成投资（亿元）	环境污染治理投资总额占 GDP 的比重（%）
2012	2963.46	63.65	2899.81	8253.5	5062.7	500.5	1.55
2013	3435.15	100.26	3334.89	9037.2	5223	849.7	1.54
2014	3815.64	344.74	3470.9	9575.5	5463.9	997.7	1.51
2015	4802.89	400.41	4402.48	8806.3	4946.8	773.7	1.28
2016	4734.82	295.49	4439.33	9219.8	5412.02	819	1.24
2017	5617.33	350.56	5266.77	9538.95	6085.75	681.53	1.15

资料来源：EPS 中国财政税收数据库[①]、中国环境数据库。

1. 节能减排降耗成效明显

“十二五”末，全国万元单位 GDP 能耗 0.62 吨标准煤，全国化学需氧量排放量 2224 万吨，氨氮排放量 230 万吨，二氧化硫排放量 1859 万吨，氮氧化物排放量 1851 万吨，分别比 2010 年下降 14%、12.9%、13.0%、18.0% 和 18.6%，均超额完成节能减排预定目标任务。[②]“十三五”期间继续将主要污染物排放总量下降列为约束性指标。2019 年，单位 GDP 能耗为 0.48 吨标准煤/万元，比 2015 年下降 22%，完成“十三五”目标任务；[③] 2019 年全国化学需氧量、氨氮、二氧化硫和氮氧化物排放量分别比 2018 年下降 3.2%、3.3%、4.4% 和 3.5%，[④] 均已完成 2019 年政府工作报告中的减排目标。

2. 污染防治攻坚战成效明显

首先，空气质量进一步提高，蓝天保卫战成效显著。根据中商产业研究

---

① 指标隶属关系：财政收支—国家财政支出—国家财政按功能性质分类的支出（2007—2017 年），数据来源于《中国财政年鉴》。

② “十二五”规划纲要中将实施总量控制的污染物扩大至化学需氧量、氨氮、二氧化硫、氮氧化物四种主要污染物，提出四项主要污染物排放总量分别减少 8%、10%、8%、10% 的约束性目标。

③ 国务院印发的《“十三五”节能减排综合工作方案》明确指出，到 2020 年，全国万元国内生产总值能耗比 2015 年下降 15%，能源消费总量控制在 50 亿吨标准煤以内。全国化学需氧量、氨氮、二氧化硫、氮氧化物排放总量分别控制在 2001 万吨、207 万吨、1580 万吨、1574 万吨以内，比 2015 年分别下降 10%、10%、15% 和 15%。全国挥发性有机物排放总量比 2015 年下降 10% 以上。

④ 人民日报. 2019 年《政府工作报告》量化指标任务落实情况公布［EB/OL］. http://paper.people.com.cn/rmrb/html/2020-05/20/nw.D110000renmrb_20200520_7-04.htm，2020-05-20（04 版）/2020-08-15. 由于该指标的统计数据仅更新至 2017 年，因此无法利用 2019 年数据与十二五期末（2015 年）的数据进行对比，仅与 2019 年政府工作报告中的目标值对比。

院公布的数据，2019年，全国337个地级及以上城市PM2.5平均浓度为36微克/立方米，同比下降7.69%，平均优良天数比例为82.0%；环境空气质量达标的城市占全部城市数的46.6%；此外，2018年中国单位GDP二氧化碳排放较2005年降低45.8%，提前完成2020年单位GDP二氧化碳排放降低40%—45%的目标。2019年碳强度继续下降，单位GDP二氧化碳排放同比降低4.1%，完成年度预期目标。其次，加大水污染防治力度，碧水保卫战成效良好。全国集中式饮用水水源地环境整治行动中，涉及1586个水源地的6251个问题得到整改，整改完成率达99.9%，基本消除36个重点城市的1009个黑臭水体，消除比例为95%，2019年，2804个县级及以上水源地的10367个环境问题整治完成率达99.9%。地表水水质总体向好。根据生态环境部公布的数据，2019年，全国地表水Ⅰ~Ⅲ类水质断面（点位）比例占74.9%，同比上升3.9个百分点；河流、湖泊、近岸海域水质不断改善，河流监测的1610个水质断面中，Ⅰ~Ⅲ类水质断面比例为79.1%，同比上升4.8个百分点，Ⅰ~Ⅲ类水质湖泊（水库）比例为69.1%，同比上升2.4个百分点；336个地级及以上城市902个在用集中式生活饮用水水源断面（点位）达标率占92.0%，地表水水源监测断面（点位）达标率占95.8%，地下水水源监测点位达标率为84.9%。最后，加强土壤污染防治，净土保卫战稳步推进。政府部门持续推进了6大土壤污染防治综合先行区建设和200多个土壤污染治理与修复技术应用试点项目，完成了2018年全国生态环境保护系统所有约束性指标年度目标任务，达到“十三五”规划要求。根据生态环境部公布的数据，2018年，全国固体废物进口总量2263万吨，较上年减少46.5%；“清废行动2018”挂牌督办的1308个突出问题中有1304个完成整改，严厉打击了固体废物及危险废物非法转移和倾倒行为。

3. 自然生态保护不断加强

2018年，全国完成造林面积707万公顷，比2011年增长17.9%；森林覆盖率21.63%，森林蓄积151.4亿立方米；[①] 截至2017年底，全国已建立各种类型、不同级别的自然保护区2750个，总面积约14716万公顷，比2000

---

① 数据来源于EPS中国科技数据库、中国环境数据库，为第八次全国森林资源清查（2009—2013年）的结果。与第一次全国森林资源清查（1973—1976年）相比，森林面积增加0.9亿公顷，森林覆盖率提高8.9个百分点，森林蓄积增加64.8亿立方米。

年增加 1523 个；自然保护区面积 14717 万公顷，比 2000 年增长 49.9%。[①]

（三）外商投资结构逐步改善，外资的正环境效应增强

新时期，我国的外商直接投资逐年增加，2012—2018 年的年均增长率 2.25%。[②] 从外资投资的行业结构来看，我国在承接国际产业转移的同时，外资引进结构得到明显改善。2012—2018 年，制造业的外商直接投资实际使用金额占比总体上呈现下降趋势。制造业的外资比重的下降说明了污染型行业的外资投资比重下降。此外，租赁和商品服务、信息传输、计算机服务和软件、金融业、科学研究、技术服务和地质勘探等服务业的外商直接投资实际使用金额占比逐年增加，这一变动说明外商投资领域从一般制造业向高技术产业和金融、保险等非污染型行业拓展。[③] 这表明外资对环境的负面效应在下降，正面效应在增强。

为了进一步探究外资结构变化的环境效应，图 5－4 展示了污染性行业的外商资本情况。从图中可以看出，2012—2016 年，12 个污染性行业的外商资本总额出现了先升后降的趋势，污染性行业外商资本占全国分行业外商资本总额的比重出现了逐年下降的趋势，尤其是 2014 年以后，污染性行业的外商资本占比的下降趋势更加明显。这一数据凸显了在高质量发展阶段，中国外商利用的环境质量显著提升，逐渐缩小“生态逆差”，污染避难所假说在中国得以避免发生。

（四）低碳环保维权意识增强，国际交流合作不断深化

步入新时期，中国民众的环保维权意识显著增强。涉及环境的电话、网络投诉案件数在五年间翻了一番，由 2011 年 80 多万件投诉案件增长到 2015 年 160 多万件；每年约 5 万批次公民集体就环境问题上访，向环保部门提出投诉请求；人大与政协关于环境保护的建议与提案数量较 2011 年增长了 1.4 倍。[④] 这表明中国社会的环保法治观念明显提高，维权意识不断增强。

---

① 数据来源于 2013—2019 年《中国统计年鉴》《中国环境年鉴》《中国环境统计年鉴》。

② 数据来源于 2013—2019 年《中国统计年鉴》。

③ 资料来源：EPS 中国对外经济数据库，采用 2011 年国民经济行业分类标准。数据来源于《中国贸易外经统计年鉴》《中国对外直接投资统计公报》《中国服务贸易统计》。

④ 资料来源：2011—2017 年《中国环境统计年报》。其中，2016 年和 2017 年的当年电话/网络投诉数和本年来访批次数据缺失。

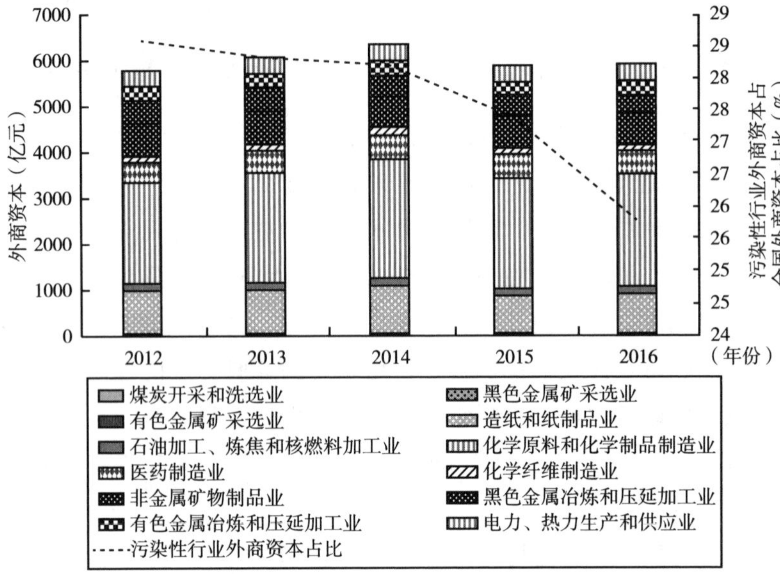

图 5－4　2012—2016 年中国污染性行业外商资本及其占比

资料来源：2013—2017 年《中国工业统计年鉴》。[①]

随着全球环境问题的日趋重要，环境治理越来越需要各国政府和非政府组织之间的合作。中国作为最大的发展中国家，与发达国家在环境保护、气候变化、能源资源等领域形成了制度化的合作机制。新时期以来，中国参加了联合国在多哈等 7 个城市召开的气候变化大会以及 G7 气候会议等重要国际会议，在历次会议谈判中主动承担国际责任，积极开展国际对话，在节能减排、绿色发展、开发清洁能源等方面取得显著成效，积极推动各国就《京都议定书》和《巴黎协定》国际公约的实施达成共识。中国为促进“一带一路”沿线的绿色低碳发展，努力探索与沿线国家共同实现可持续发展道路，与沿线 30 个国家建立能源合作伙伴关系，开展清洁能源项目建设。中国是可持续发展理念的坚定支持者，是国际社会应对环境变化的重要贡献者，积极参与国际组织的活动，认真履行国际公约，中国越来越多地扮演着发达国家和发展中国家之间主要桥梁的角色，帮助推动发展中国家承担更多的责任，为世界可持续发展作出了较大的贡献。

① 数据来源于“按行业分组的外商投资和港澳台投资工业企业经济指标—实收资本—外商资本”。数据采用 2011 年国民经济分类，目前数据仅更新至 2016 年。

三、中国经济高质量发展的经验

中国经济在迈向高质量发展的道路上，积累了丰富的宝贵经验。首先，中国始终坚持改革开放的基本国策，这是经济持续增长和社会主义市场经济体制建设的根本动力。通过不断深化改革、扩大开放，中国成功激发了市场活力和社会创造力，为经济的繁荣奠定了坚实基础。其次，中国高度重视创新驱动，将其作为推动经济高质量发展的关键。通过加大科研投入、鼓励技术创新，中国已在多个关键领域取得重大突破，培育出一批具有全球竞争力的产业集群和创新型企业。这不仅优化了产业结构，也为经济的可持续发展提供了坚实支撑。最后，中国还注重生态环境保护，坚持绿色发展理念。在追求经济增长的同时，中国始终将生态环境保护置于重要位置，并采取了一系列措施加强环境治理和生态保护。特别是在2012年以来，国家对环境治理的力度空前加大，将污染防治列为三大攻坚战之一，环保投入大幅度增加，环保方面的法律和政策密集出台，有效地扭转了我国环境恶化的趋势。这不仅改善了人民的生活环境，也为经济的可持续发展提供了重要保障。

（一）生态文明顶层设计逐步完善

在高质量发展阶段，中国可持续发展战略进入更高的议程。在国家顶层设计方面，改革举措密集出台，生态文明制度体系加快形成。2012年，党的十八大将“生态文明建设”提高到国家发展战略的高度，使“四位一体”的总体发展战略变成“五位一体”，提出美丽中国的奋斗目标；把资源消耗、环境损害、生态效益纳入经济社会发展评价体系，建立体现生态文明要求的目标体系、考核办法和奖惩机制。党的十八届三中、四中全会对生态文明建设作出了总体部署，党的十八届五中全会提出“五大发展理念”，其中把绿色发展理念包括在内，把生态文明建设首度写入国家五年规划。党的十九大提出建设富强民主文明和谐美丽的社会主义现代化强国的伟大目标，并从推进绿色发展、着力解决突出环境问题、加大生态系统保护力度、改革生态环境监管体制四个方面提出了加快生态文明体制改革、建设美丽中国的具体措施，为走向社会主义生态文明新时代指明了前进方向和实现路径（秦书生，2015）。2018年，国务院机构改革为生态文明建设提供体制保证，新成立的生态环境部设立生态环境执法局和中央生态环境保护督察办公室，组织开展全国生态环境保护执法检查活动，实现环保督察全覆盖、常态化（周宏春，2018）。2018年5月，全国生态环境保护大会召开，正式确立习近平生态文明思想，对打好蓝天、碧水、净土三大污染防治攻坚战作出全面部署。党的十九届四中全会进一步提出了生态文明体制建设的重大举措。党的十九届五中全会通过的《中共中央关于坚持和完善中国特色社会主义制度 推进国家治理体系和治理能力现代化若干重大问题的决定》把坚持和完善生态文明制度体系作为中国特色社会主义制度体系的一个重要组成部分来强调。中央审议通过多项生态文明和环境保护具体改革方案，一批具有标志性、支柱性的改革举措陆续推出，生态文明制度体系初步建立，中国生态文明领域改革的顶层设计逐步完善，逐步形成新时期具有中国特色的可持续发展战略及政策体系。

（二）环境保护法律法规密集出台

在高质量发展阶段，中国生态文明体制改革、法律法规及政策举措密集出台，生态环境保护法制体系逐步健全，为生态文明建设提供可靠法律保障。国务院于2013年9月10日、2015年4月、2016年5月分别发布了大气、水、土壤污染防治行动计划，简称“三个十条”。2014年4月《中华人民共和国环境保护法》通过修订，将“是否完成国家确定的环境质量目标”确定为区域内环评的依据之一。2015年，新《环境保护法》正式实施，《水污染防治法》《大气污染防治法》《环境保护税法实施条例》《建设项目环境保护管理条例》等法律法规完成修订。2015年发布的《中共中央 国务院关于加快推进生态文明建设的意见》全面部署生态文明建设，随之颁布的《党政领导干部生态环境损害责任追究办法（试行）》标志着我国生态文明建设进入实质问责阶段。党的十八大以来，从生态补偿到生态环境损害赔偿，从目标评价考核到划定严守生态红线，从环境监测到环保执法，为生态文明建设和环境治理出台了详细的执行方案，使环保全过程监管、区域联防联控、健全环境预防体系等环境执法监督有法可依。

（三）生态环保治理力度空前加大

在高质量发展阶段，各级政府加强环境保护与综合治理工作的力度。在生态环保试点示范方面，积极开展节能、碳排放权、排污权、水权交易试点。先后推进国家级海洋生态文明建设示范区、生态文明建设先行示范区、全国水生态文明城市建设试点、“美丽乡村”试点、“国家森林城市”称号等。随着生态环保治理力度的进一步加强，生态环保示范试点范围继续扩大，持续推进第二批生态文明建设试点示范工作，包括生态文明先行示范区建设，海绵城市建设试点，第二批国家级海洋生态文明建设示范区；启动土壤、水资源和生态保护修复示范项目，开展“三线一单”（生态保护红线、环境质量底线、资源利用上线和环境准入负面清单）试点；重点加强对第三批国家生态建设示范创建的试点和“绿水青山就是金山银山”实践创新基地。此外，在新时期，试点示范制度设计注重强化环境污染防治的责任落实，利用多种经济手段强化生态环境保护和生态损害赔偿。

（四）生态环境多元共治全面推进

建立政府、市场、社会公众等多元共治的生态治理机制，加快形成各主体各司其职、相互促进、相互监督的生态治理新格局。

在政府参与方面，完善环境督察制度。中央生态环境保护督察实现了31个省（区、市）全覆盖。环境保护实现全过程、实时在线监管，实现“无死角”式监管；创新目标责任评价考核，采取监督检查专项行动，落实领导干部任期生态文明建设责任制，强化生态环境保护综合执法体系和能力建设；第二轮中央生态环保督察全面启动。针对突出生态环境问题，视情组织开展专项督察。生态环境系统开展“以案为鉴”专项治理，打造生态环保铁军，进一步强化生态环境保护综合执法体系和能力建设。

在市场参与方面，充分利用市场机制，促使全社会形成“节约资源、保护环境”的发展方式（刘治彦，2018）。2018年7月，国家发改委出台《关于创新和完善促进绿色发展价格机制的意见》，提出以市场机制促进绿色能源大规模推广使用，促进大气环境、水环境、土壤环境污染治理和固体废弃物处理深化资源性产品价格和税费改革，建立反映市场供求和资源稀缺程度、体现生态价值和代际补偿的资源有偿使用制度和生态补偿制度。

在公众参与方面，一方面注重对生态环境保护人才的培养与教育，在2013年5月中央政治局第六次集体政治学习时的讲话中，习近平同志指出，推进生态文明建设要加强生态文明宣传教育，增强全民节约意识、环保意识、生态意识，营造爱护生态环境的良好风气，使制度约束与宣传引导并重；另一方面鼓励、规范公众参与环境影响评价，保障公众环境保护知情权、参与权、表达权和监督权。

第三节　本章小结

本章首先分析环境规制的发展历程，发现环境规制的发展经历了萌芽起步、探索发展、完善加强、创新发展和全面提升的过程。梳理了正式环境规制和非正式环境规制工具的特征、在执行过程中存在的优劣势及其实施效果，有必要探究如何充分发挥环境规制的减排效应，促进经济高质量发展。其次，分析中国经济高质量发展的不同阶段的发展特征、成效及经验。中国经济高质量发展经历了计划经济时期、改革开放初期以及市场化发展时期，其中市场化发展时期又经历了初期市场化阶段、快速增长阶段、调整与转型阶段以及高质量发展阶段，中国经济在环境保护制度建设、法律法规、治理成效、外商投资环保效应和国际交流合作等方面取得一定成绩，这离不开生态文明顶层设计的逐步完善、环境保护法律法规体系的构建、生态环境保护治理力度的强化以及生态环境多元共治的全面推进。本章对环境规制与经济高质量发展历程的梳理与分析，为后续章节的实证检验以及顶层设计打下坚实的基础。

第六章　环境规制与经济高质量发展的现状及困境剖析

对中国各省份环境规制和经济高质量发展现状做出准确评价是后续准确地测度二者影响关系的基础。本章基于上文对环境规制和经济高质量发展测度方法的文献梳理，测度和分析中国环境规制和经济高质量发展水平，进而从时间和空间视角分析其发展现状，剖析环境规制促进经济高质量发展所面临的现实困境。

第一节　环境规制发展状况的测度及分析

一、测度方法

根据上文的分析，为了综合、全面地评估环境规制强度，本书借鉴现有学者的普遍做法，将环境规制分为行政型、市场型以及非正式型环境规制三类（Li & Ramanathan，2018；李瑞前和张劲松，2020），并采取熵值法测度环境规制的综合指数。具体的指标选取如表 6－1 所示。

表 6－1　环境规制的测度

目标层	准则层	指标层	单位
环境规制	行政型环境规制强度	环境处罚案件占人口比重	%
		工业治理完成额占工业增加值比重	%
		污染物排放量	万吨
		环保系统人员占人口比重	%
	市场型环境规制强度	排污费占 GDP 比率	%
	非正式型环境规制强度	收入水平	元
		受教育水平	%
		人口密度	%
		年龄结构	%

二、指标选取说明

行政型环境规制也叫作命令—控制型环境规制，是指政府通过法律、规章制度等手段来强制企业遵守环境保护标准和规定的一种方式（王文普，2012）。这类环境规制具有强制性，污染企业只能依据规章制度执行，否则将面临法律制裁或行政处罚。环境标准、技术标准、排放标准以及建设项目“三同时”制度等都是行政型环境规制工具的典型代表。对于行政型环境规制强度的测度，根据何兴邦（2020）、郝寿义（2016）等的研究，考虑到数据的可获得性，本书选取环境处罚案件占人口比重、工业治理完成额占工业增加值比重、污染物排放量、环保系统人员占人口比重四个二级指标来衡量。

市场型环境规制，又称经济激励型环境规制，是指政府利用市场机制来引导企业采取环境友好型行为的一种方式。市场型环境规制具有市场化特征，相较于传统的行政型规制，市场型规制更加注重通过经济手段来激励和引导企业自主进行环保行为，能够在一定程度上提高环保效率和降低环保成本。在市场型环境规制中，政府通常会采取一系列措施，如环境税费、排污费制度、押金返还制度、环保补贴以及可交易的排放许可证等来影响企业的行为（刘伟，童健，薛景等，2017）。通过这些措施，政府可以激励企业采用更清洁、更环保的生产技术和方法，从而降低环境污染水平。对于市场型环境规制强度，根据李瑞前和张劲松（2020）、何兴邦（2020）以及毕茜和于连超（2016）等的研究，本书选取排污费占 GDP 比率来衡量。

非正式环境规制是一种由民众自发行动、非政府主导的环境监督和管理方式。这种规制的推动力量来自民众对环境保护的意识和态度转变，以及对环境问题的关注和抗议。在非正式环境规制中，个人和社会组织扮演着重要角色，他们通过各种行动来监督和改善环境状况。这包括民众集体抗议环境问题、通过社会媒体和网络平台传播环境信息、组织环保义工活动以及建立监督性社会组织等措施。非正式环境规制的参与范围广泛，涵盖了社会的各个层面和领域。由于其灵活性和响应速度快的特点，非正式环境规制能够直接影响环境保护行为，对于解决环境问题和推动环境可持续发展具有深远意义。总体而言，非正式环境规制与政府机构的正式环境管理相辅相成，共同推动着社会对环境保护责任的履行，对于实现环境可持续发展目标起到了重要作用。本书根据江小国和张婷婷（2019）、Pargal & Wheeler（1995）、原毅军和谢荣辉（2014）的研究，用收入水平、受教育水平、人口密度和年龄结构四个二级指标来衡量。

三、数据来源

根据数据的可得性，本书选取2013—2020年全国30个省（自治区、直辖市）的环境处罚案件占人口比重、工业治理完成额占工业增加值比重、污染物排放量、环保系统人员占人口比重、排污费占GDP比率、收入水平、受教育水平、人口密度、年龄结构等相关数据来测度不同类型的环境规制水平。样本数据主要来源于国家统计局官网、EPS数据库以及《中国统计年鉴》。

四、指标赋权

衡量省域环境规制强度水平需要将评价体系的各个指标整合，测度出综合得分。常用的指标赋权方法有熵值法、层次分析法、主成分分析法和线性加权平均等。由于层次分析法在一定程度上具有较大的主观性，主成分分析法通过对数据降维可能导致流失较多的原始数据信息，简单的赋权线性加权法则会有较大的不准确性，因此，熵值法受到较多学者的青睐（李扬杰，张莉，2021；武云亮，钱嘉兢和张廷海等，2021）。本书在已有研究的基础上，选择用熵值法对环境规制综合指数进行测算。具体步骤如下：

首先，对正负指标进行标准化处理。

正指标：$$x_{i,j}^{t}=\frac{x_{i,j}-\min\{x_j\}}{\max\{x_j\}-\min\{x_j\}}$$ 式（6-1）

负指标：$$x_{i,j}^{t}=\frac{\max\{x_j\}-x_{i,j}}{\max\{x_j\}-\min\{x_j\}}$$ 式（6-2）

首先，构建标准化指标矩阵，计算比重 $p_{i,j}^{t}$：

$$p_{i,j}^{t}=\frac{X_{i,j}^{t}}{\sum_{t=1}^{T}\sum_{i=1}^{m}X_{i,j}^{t}}$$ 式（6-3）

其中，$p_{i,j}^{t}$为第 t 年第 i 个省份的指标值在第 j 项指标中所占的比重。

其次，计算指标信息熵e_j：

$$e_j = -k\sum_{t=1}^{t}\sum_{i=1}^{m} p_{i,j}^{t}\ln p_{i,j}^{t} \qquad \text{式（6-4）}$$

其中，e_j 为第 j 项指标的熵值，$0 \leqslant e_j \leqslant 1$；$k = \frac{1}{\ln(mt)}$，取决于 m 个省份和 t 个年份。

再次，差异性系数归一，确定权重：

$$w_j = \frac{1-e_j}{\sum_{j=1}^{n} 1-e_j} \qquad \text{式（6-5）}$$

其中，w_j 为第 j 项指标的权重，和值为 1；$(1-e_j)$ 为差异性系数，其值越大，说明指标的重要性越大。

最后，计算综合得分：

$$ER_{i,j} = \sum_{j=1}^{n} w_j X_{i,j}^{t} \qquad \text{式（6-6）}$$

其中，$ER_{i,j}$为环境规制综合指数的最终得分，i 指各地区（$i=1, 2, \cdots, 30$），j 指指标种类（$j=1, 2, \cdots, 9$）。

五、测度结果及分析

根据所构建的指标体系，依据熵值法测算出来的 2013—2020 年全国 30 个省、自治区、直辖市的环境规制强度综合指数平均值如图 6-1 所示。

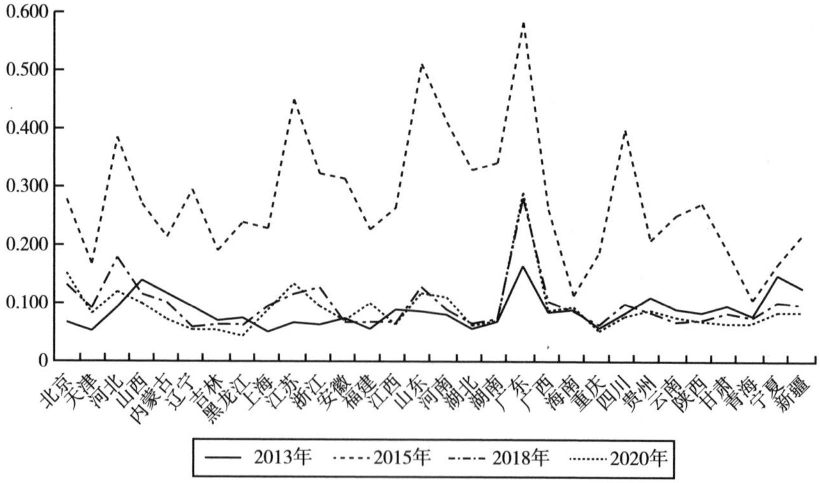

图 6-1 环境规制综合指数

可以看出，在时间维度上，2013 年、2018 年和 2020 年的环境规制综合指数相对较低，而 2015 年的环境规制综合指数均值相对较高，且 2018 年、2020 年的环境规制综合指数均值较 2013 年更高，即环境规制综合指数呈现先升后降、但整体上升的趋势。由此可以表明中国环境规制强度在不断增加，可能的原因是，要促进经济数量和质量的提升、控制和防护污染，其根本举措就是要加大环境治理投入从而增强环境规制。在空间维度上，广东省、北京市、江苏省等经济发达省份在环境规制综合指数中得分相对较高，其中广东省的环境规制综合指数均值最高，达到了 0. 2791，而工业化程度高、环境污染问题突出的地区，例如黑龙江省、天津市等地，在环境规制综合指数中得分相对较低。这表明这些省份在环保方面已经取得了明显的成效，并且政府对环境保护的重视程度也较高。另外，这些省份也是经济发展较为快速的地区，即这些地区在提升经济发展质量和保护环境方面取得了一定程度的平衡。

图 6 - 2、图 6 - 3 和图 6 - 4 分别为不同类型环境规制的测度结果，分别为行政型、市场型和非正式型环境规制的测度结果，由于篇幅限制，只选取 2013 年、2015 年、2018 年和 2020 年的测度结果来进行图示化分析。具体来看，在时间维度上，市场型环境规制指数以及非正式型环境规制指数均表现出与环境规制综合指数相似的先升后降的变化趋势，但总体上仍然呈现上升趋势；此外，行政型环境规制指数呈现持续上升的变化趋势。由此可以表明，

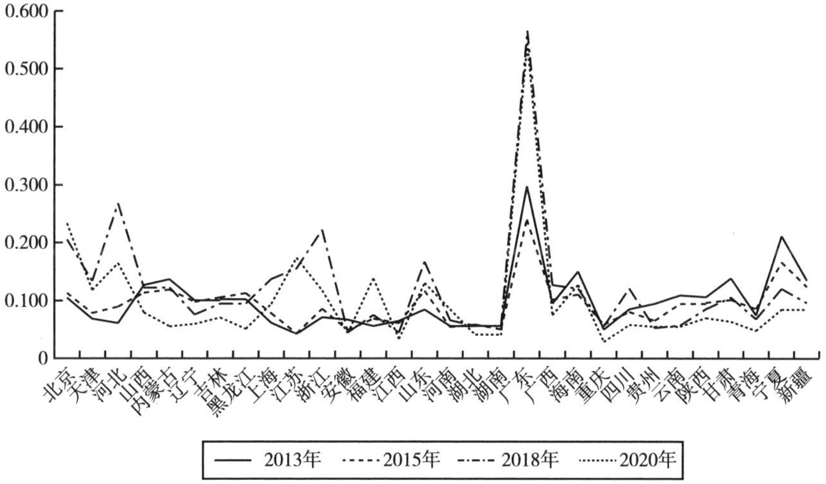

图 6 - 2　行政型环境规制指数

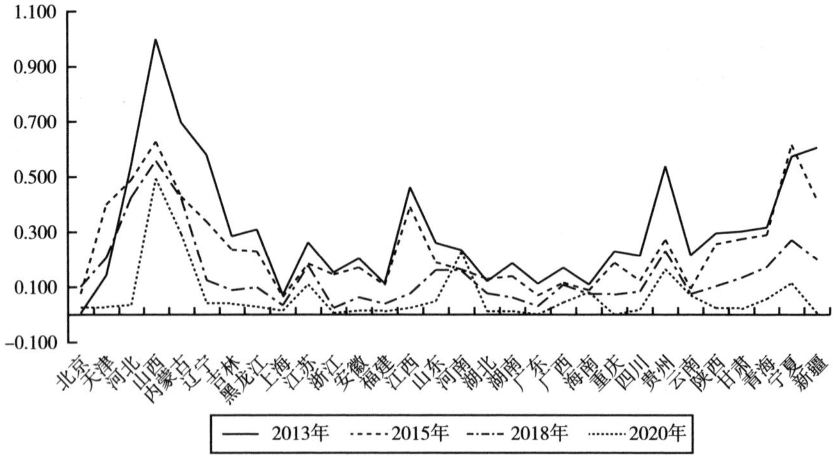

图 6－3　市场型环境规制指数

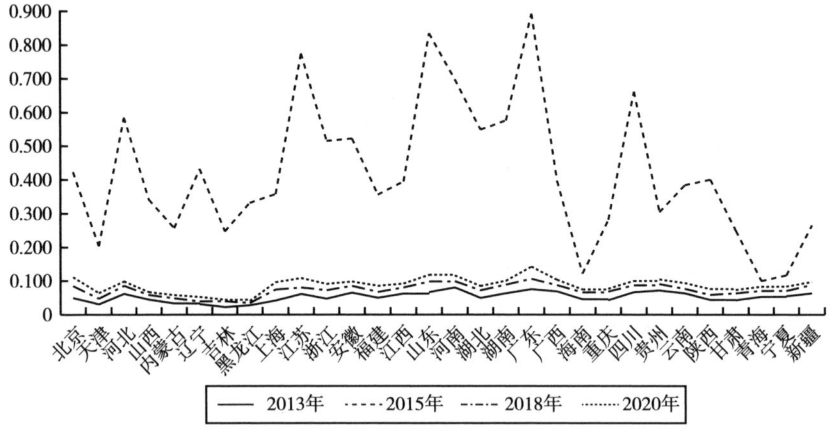

图 6－4　非正式型环境规制指数

中国不同类型环境规制强度在增加；其中，市场型环境规制指数的上升说明，政府正在推动市场机制发挥更大的作用，通过经济手段来激励企业采取环保措施；非正式型环境规制指数的上升说明，公众和媒体对环境问题的关注程度也越来越高；行政型环境规制指数的持续上升则表明，政府在环保方面的决心和力度不断增强，采取了更为强硬的手段来推进环境治理工作。

在空间维度上，广东省、浙江省、宁夏回族自治区等地区行政型环境规制强度指数较高；山西省、宁夏回族自治区、内蒙古自治区等地区市场型环境规制强度指数较高；广东省、山东省、江苏省等省份非正式型环境规制指数较高；此外，北京市、上海市、广东省等经济发达省份在各个类型的环境规制指数中均高于其他省份，这意味着这些省份对环境保护的要求和措施更加严格和有效；河北省、吉林省等工业化程度较高的省份在市场型环境规制指数和非正式环境规制指数中得分较低，这可能反映了这些省份在环保领域中存在的问题和挑战。就不同类型的环境规制来看，环境规制综合指数、行政型环境规制以及非正式型环境规制之间的差异不大，而市场型环境规制指数与其他指数表现出较大差异。背后的原因可能是，市场型环境规制需要依赖市场机制，通过经济激励手段来促进企业采取环保措施和提供清洁技术，这需要较长的时间来实现；而非正式型环境规制以及行政型环境规制则是政府在短时间内采取的手段，容易实施且成效也较显著。

第二节　经济高质量发展状况的测度及分析

一、测度方法

基于上述讨论，本书将考虑非期望产出的绿色全要素生产率作为衡量经济高质量发展水平的指标。测度绿色全要素生产率的计算方法主要包括参数方法和非参数方法，其中代表性方法有随机前沿分析法（Stochastic Frontier Analysis，SFA）和数据包络分析法（Data Envelope Analysis，DEA），并且国内外学者基于这两种方法做出了大量的研究（茹少峰，魏博阳，刘家旗，2018；乔美华，石东领等，2020）。然而，相较于随机前沿等参数方法，非参数数据包络分析方法无需较多的主观假设，适合于多投入、多产出的生产函数，且不受指标量纲的影响，已经成为效率测度的主要方法。师博，樊思聪（2020）采用 DEA－Malmquist，将该指数作为技术进步指标，来衡量经济高质量发展水平。然而，这种方向性距离函数在评价效率时是径向、角度的 DEA 模型，然而，在存在投入过度或产出不足时，径向模型未能充分考虑投入产出的松弛问题，可能高估 DMU 的效率（吕岩威，谢雁翔，楼贤骏，2020）。此外，角度模型需要基于投入或产出作出选择，忽视了投入或产出的某一方面，导致效率值不准确或存在偏差（Tone，2001），计算结果可信度被大打折扣。为了解决径向和角度的度量可能带来有偏效率值的问题，国内外学者对 DEA 方法也进行了拓展。刘勇，李志祥，李静（2010）对比了评价环境效率的非期望产出作投入法、倒数转换法、双曲线法、转换向量法、方向性距离函数法、SBM模型法六种评价模型在处理非期望产出存在时的优缺点，得出SBM模型是最有效的衡量方法。相似地，Lozano & Gutiérrez（2011）通过对比多种效率测度模型在处理非期望产出存在时的优缺点，认为SBM模型是最有效的衡量方法。因此，有学者利用SBM方向距离函数测算出来的GTFP来表征经济高质量发展水平（张国庆和闫慧贞，2020）。此外，鉴于SBM模型无法比较多个决策单元同为完全效率时的效率高低，而Tone（2002）提出的Super SBM模型弥补了这一不足，使有效决策单元的比较和排序成为可能。唐娟，秦放鸣和唐莎（2020）在测度中国经济高质量发展水平时采用了超效率DEA－SBM模型。在此基础上，为使评价结果具备跨期可比性，一些学者基于Oh（2010）的研究，选取相同的参考技术前沿，提出了全局参比的曼奎斯特—卢恩伯格（Global Malmquist－Luenberger，GML）生产率指数来测度高质量发展水平，使测算出来的效率值在时间上比较成为可能。余奕杉，高兴民，卫平（2020）就采用非期望产出—超效率模型以及GML指数算出GTFP来衡量经济高质量发展水平。在研究过程中，本章利用MaxDEA软件，选取合适的投入和产出要素，采用数据包络分析模型中的非径向、非角度的基于松弛变量的超效率SBM方法；并在模型中考虑超效率和非期望产出，将期望产出与非期望产出的一般权重设为1∶1。

本书将每个省（区、市）视为生产决策单元（Decision Making Unit，DMU），假设每个DMU有m种投入$x=(x_1,\cdots,x_m)\in R_+^m$，产生$n$种期望产出$y=(y_1,\cdots,y_n)\in R_+^n$和$k$种非期望产出$b=(b_1,\cdots,b_k)\in R_+^k$，则第$j$个省（自治区、直辖市）第$t$期的投入和产出值可以表示为$(x^{j,t},y^{j,t},b^{j,t})$，则构造出测算经济高质量发展的生产可能性集：

$$P^t(x^t)=\left\{(y^t,b^t)\mid \bar{x}_{jm}^t \geqslant \sum_{j=1}^{J}\lambda_j^t x_{jm}^t,\bar{y}_{jn}^t \leqslant \sum_{j=1}^{J}\lambda_j^t y_{jn}^t,\bar{b}_{jk}^t \geqslant \sum_{j=1}^{J}\lambda_j^t b_{jk}^t,\lambda_j^t \geqslant 0,\forall m,n,k\right\}$$

式（6－7）

基于Tone（2002）的研究，将非期望产出纳入模型，构建的超效率SBM模型如下：

$$\rho^* = \min \frac{\frac{1}{m}\sum_{i=1}^{m}\frac{\bar{x}_i}{x_{i0}}}{\frac{1}{n+k}\left(\sum_{r=1}^{n}\frac{\bar{y}_r}{y_{r0}}+\sum_{l=1}^{k}\frac{\bar{b}_l}{b_{l0}}\right)}$$

式（6－8）

$$
s.t.\begin{cases}\bar{x} \geqslant \sum_{j=1,\neq 0}^{J} \lambda_j x_j,\\ \bar{y} \leqslant \sum_{j=1,\neq 0}^{J} \lambda_j y_j,\\ \bar{b} \leqslant \sum_{j=1,\neq 0}^{J} \lambda_j b_j,\\ \bar{x} \geqslant x_0, \bar{y} \leqslant y_0, \bar{b} \geqslant b_0, \bar{y} \geqslant 0, \lambda_j \geqslant 0.\end{cases}
$$

其中，$\bar{x}$，$\bar{y}$，$\bar{b}$ 分别为投入、期望产出和非期望产出的松弛量；下标“0”表示被评价决策单元；λ_j 是权重向量，若其和为 1 表示规模报酬可变（VRS），否则表示规模报酬不变（CRS）；目标函数 ρ^* 越大表明越有效率。

二、指标选取

指标的选取直接影响效率值的可靠性。基于以上分析，在借鉴宋德勇，黄璨（2017）的研究的基础上，经济高质量发展是综合考虑生产要素投入、资源消耗和环境代价后的绿色全要素生产率，计算需要考虑的投入和产出要素如表 6－2 所示。其中，投入要素包含能源投入、资本投入和劳动投入，产出要素则包括期望产出和非期望产出。其中，期望产出采用地区实际生产总值来表征，而非期望产出则选取二氧化硫排放量、一般工业固体废物排放量和工业废水排放总量来表征。

表 6－2　　经济高质量发展测算指标说明

要素选取		表征指标
投入要素	能源投入	能源消耗总量（标准煤）
	资本投入	资本存量（万元）
	劳动投入	城镇单位就业人员（万人）
产出要素	期望产出	实际 GDP（亿元）
	非期望产出	二氧化硫排放量（万吨）
		一般工业固体废物排放量（万吨）
		工业废水排放总量（万吨）

三、数据来源

根据数据的可获得性，本书使用 2013—2020 年中国大陆除西藏之外的 30 个省（自治区、直辖市）的面板数据作为实证样本。数据主要来源于相关年份的《中国统计年鉴》《中国城市统计年鉴》《中国环境统计年鉴》和《中国区域经济统计年鉴》。

四、测算结果分析

根据上述构建的经济高质量发展评价体系，选取 2013—2020 年有关数据，并基于 Super SBM 模型测度的经济高质量发展指数测度结果如图 6－5 主要年份省域经济高质量发展水平及其均值所示。由于篇幅限制，仅仅选取样本研究的起始年份、中间年份和末期年份及其均值来进行分析。

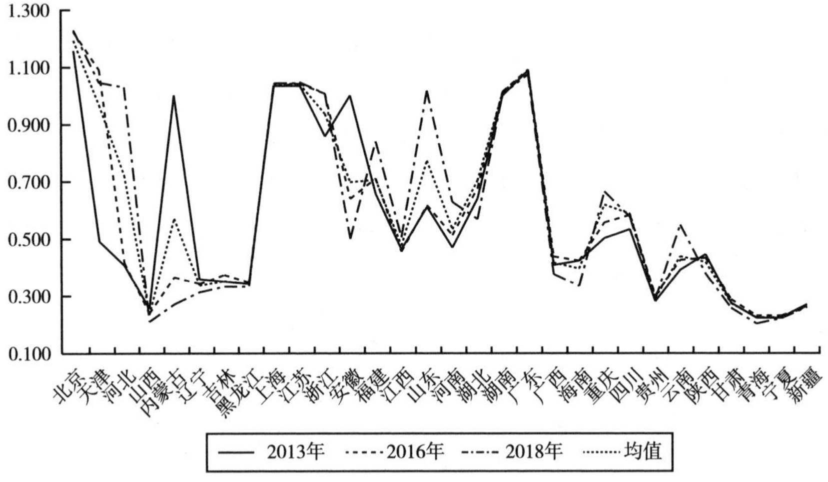

图 6－5 主要年份省域经济高质量发展水平及其均值

从时间维度上来看，大多数地区的经济高质量发展水平呈现逐步增长的趋势，即各地经济随时间的推移逐渐向高质量方向发展。从结果可以看出，2013 年至 2020 年，经济高质量发展综合指数的平均值逐年增长，这进一步印证了经济高质量发展的趋势。具体来看，从 2013 年到 2015 年上升较缓慢，而在 2016 年到 2018 年呈现较快的增长，最后在 2019 年和 2020 年之间再次上升。可以看出，经济高质量发展综合指数在这 8 年中整体呈现出逐年提升的趋势。这种逐年增长的趋势可能反映了各地区在经济结构优化、技术创新、环境保护等方面所做的努力和取得的成就。

从空间维度上来看，从各地区 2013—2020 年经济高质量发展的均值来看，北京市、上海市、广东省以及江苏省的经济发展质量较高。可以看出，高经济增量地区也表现出较高的经济发展质量，这可能是因为其注重经济增长的同时进行结构调整和创新，从而促进经济发展的可持续性。同时，这类经济体量较大的地区通常具有已经具备了十分丰富的人力物力资源以及先进的生产要素，并且能够吸引如先进技术、人力资本等提升经济质量所需的核心要素，从而在提升经济发展质量上具有优于其他欠发达地区的先天优势。

第三节 环境规制促进经济高质量发展的现实困境剖析

尽管中国经济在高质量发展方面取得了显著成就，但仍面临一些挑战和问题。基于环境规制与经济高质量发展水平现状探究中国生态保护和经济社会发展的掣肘问题，深入探讨中国生态保护对经济社会发展的制约因素，在认识到环境规制如何推动经济高质量发展所面临的现实困境的基础上，提出因地制宜的政策路径对促进省域经济高质量发展具有重要意义。

一、生态环境综合承载力不足，环境污染制约提质增效

当前，我国经济发展速度快、规模大，但资源和环境的承载能力却没有同步提升，生态环境质量与人民群众对美好生活的需求还有很大差距。党的十九大报告指出，中国经济正处于从高速增长向高质量发展的转变阶段。这种转变的背景是中国资源环境约束逐渐显现，对资源环境的需求变得更加紧迫。中国作为一个人口众多、资源相对匮乏的国家，人与自然、经济增长与生态环境保护之间的矛盾越发尖锐。随着工业化和城镇化的深入，空气、水、土地等资源要素短缺问题日益凸显，生态环境质量不断恶化，环境污染问题依然严重。尽管中国已经采取了一系列措施加强环境治理，但环境污染问题

仍然没有得到根本解决。一些地区的大气、水质等环境质量仍然较差，给人民的生活和健康带来了严重影响。据生态环境部数据显示，2021 年，近 40%的地级及以上城市受生态环境问题影响，空气质量未达标。城市建设中生活用水污染、工业废水污染等对生态环境造成破坏的问题日益严重，城市建成区黑臭水体治理任务异常繁重。同时，我国土地荒漠化程度位居较高水平，31 万平方公里土地出现明显沙漠化趋势，土壤环境普遍恶化趋势尚未有效遏制。综上所述，生态环境问题已成为制约我国经济社会高质量发展的主要瓶颈之一。

二、环保法律法规制度不完善，跨域环境协同治理薄弱

不同的行政区域出于地方的发展利益，区域内生态治理标准、政策存在差异，现存的环保法律法规制度还并不完善，面临着环境民事赔偿法律制度不健全、环境法律法规操作性不强、环境法规中缺乏有效的市场手段，跨界损害事件处理能力滞后、行政执行缺乏强制手段、执法能力不足致使执法缺位等问题（杨朝飞，2012）。此外，各省区市之间缺乏健全的生态环境保护协同治理机制，加之生态环境管理部门多元化、分散化导致各个部门之间缺乏信息共享和沟通渠道，不同的管理部门在面对问题时，站在各自利益视角下极易产生互相推诿不作为、协调机构难以履行协调职能等问题，致使环境保护与治理监管困难，且在生态环境保护方面无法形成有效合力，从而影响了生态环境保护工作的整体效果。

三、区域经济发展水平不平衡，发展方式亟待转型升级

中国经济建设的快速发展带来了区域经济发展不平衡的问题，发展不平衡不充分也是当前经济高质量发展面临的重要问题，而且这一问题日益突出。全国各地在自然资源禀赋、区位条件、交通状况、科技实力等方面都存在很大的差异，继而造成各地区间的经济发展水平差异明显，且大致呈现出“东强西弱”的空间格局。这不仅影响了社会的和谐稳定，也制约了经济的可持续发展。国家统计局公布的数据显示，2021 年中国地区生产总值（GDP）最高的广东省达到了 12.4 万亿元，最低的西藏只有 0.2 万亿元。从国内生产总

值占 GDP 比重来看，广东、江苏、浙江和山东四个省市的 GDP 总量共占全国 GDP 比重的 30%，而新疆、青海、甘肃和宁夏 GDP 总量占全国 GDP 的比重尚不足 1%。从地域范围来看，中国东部地区相对于中西部地区更为发达，东部地区的产业结构更加多样化和先进化，拥有更多的现代服务业和高新技术产业。东部地区可以向中西部地区转移产业。中西部地区则凭借其丰富的自然资源、劳动力资源和传统产业优势，接纳东部地区转移的产业。然而，经济发展方式的不可持续性，继续制约着中国经济的整体发展水平，以及不平衡的区域发展情况。为了改变这一现状，各省市需要转变依赖资源消耗型经济增长方式，利用科技进步改变经济发展模式，促进经济发展质量、效率和动力的变革，提高全要素生产率，为中国经济的持续增长提供动力，推动经济实现高质量发展。

四、区域产业结构发展不协调，经济结构有待优化调整

经济结构不合理、产业结构不平衡、资源配置效率低是当前中国面临的突出问题，需要根据中国的区域特点及自然资源禀赋条件进行调整。整体来看，传统产业比重较大，新兴产业发展相对滞后，这导致经济增长的质量和效益不高，难以满足人民日益增长的美好生活需要。东部地区由于地理位置优越、技术发展先进，人才储备丰富等因素，使资源利用率相对较高，产业结构升级较快，特别是知识技术密集型产业和现代服务业等第三产业发展较为先进；中部地区长期承担着全国粮食和能源原材料的生产和供给任务，逐步形成了以农业、能源、原材料工业为主的产业结构，且其第二产业的结构多以资源开发粗加工为主，导致产业规模化水平较低，影响该地区的经济发展质量和效益（周宇飞和胡求光，2019）。西部地区产业结构相对较单一、产业发展相对滞后、第二产业在西部地区占比较高，产业转型升级内生动力不足，严重制约经济高质量发展。因此，在经济高质量发展的背景下，急需改变经济发展模式，大力推动数字赋能产业转型升级，打造制造业、服务业和数字经济强省。努力构建现代产业体系，尤其是加快中西部地区产业转型升级，缩小区域发展差距，促进区域协调发展，形成东中西相互促进、竞相发展的全新态势。

五、研发创新投入支撑力不足，引领高质发展动能不足

“创新”是实现经济换道领跑、彰显区域产业实力的新动能。中国在生态环境领域研发投入不足，其研发投入强度不足以与发达国家的投入水平相媲美，这导致其对经济社会发展的引领动力不足。根据《中国统计年鉴》公布的数据，中国2021年R&D经费投入强度仅为2.44%，与主要发达国家的研发投入仍有较大差距，约占其61%。虽然国家高度重视生态环境科技创新工作，但受科研院所改革、市场机制不完善、企业主体作用发挥不够等因素影响，中国生态环境科研成果转化率低，成果产出效率不高。截至2021年底，全国有效专利达到460万件，但发明专利仅为69.6万件；此外，中国环境保护科研成果的转化应用仍然不足，中国环境治理科技成果转化率只有15%左右。2020年6月，国务院办公厅发布了《生态环境领域中央与地方财政事权和支出责任划分改革方案》，提出了建立以三大基金为核心的中央与地方生态环境领域财政事权和支出责任划分体系的构想，明确中央和地方在生态环境领域的财政事权和支出责任（燕洪，2024）。可以预见的是，中国将会持续加大研发投入力度，完善生态环境科技创新工作，为全面实现经济高质量发展提供有力支撑。

第四节　本章小结

本章主要测度和分析了中国环境规制与经济高质量发展的现状。首先采用熵值法测算了环境规制的综合指数、行政型环境规制、市场型环境规制及非正式型环境规制。结果显示，环境规制综合指数呈现出先升后降的趋势，但整体上仍保持上升态势，各种规制类型的发展水平存在显著差异。随后，使用基于松弛变量的非径向、非角度超效率SBM方法测度了中国的经济高质量发展水平，结果表明整体上经济高质量发展水平呈现逐步提升的趋势，但地区之间存在差异，高经济增量地区表现出较高的经济发展质量。此外，本章还详细分析了环境规制在促进中国经济高质量发展过程中面临的现实困境：首先，生态环境承载力已接近极限，资源和环境的约束日益凸显，成为制约

经济持续增长的瓶颈。生态环境的恶化对经济社会的发展构成了严峻威胁。其次，环保法律法规制度尚不完善，存在明显短板。环境民事赔偿法律制度不健全，环境法规的执行效果有限，特别是在跨区域环境协同治理方面仍有诸多薄弱环节，极大地影响了环境规制的实施效果。再次，中国区域经济发展不平衡现象显著。东部与中西部地区在自然资源和科技实力等方面存在显著差异，导致经济发展方式的不均衡性和不可持续性。因此，推动经济增长方式转变、提高全要素生产率成为当务之急。此外，产业结构发展不协调的问题尤为突出，特别是在中西部地区，产业结构单一，产业转型升级的内生动力不足，已成为制约经济高质量发展的关键因素。最后，研发创新投入不足也构成了中国生态环境领域发展的重要瓶颈。当前，中国在生态环境领域的研发投入相对较低，科研成果转化率不高，这在一定程度上限制了经济高质量发展的进程。这些现实发展困境倒逼着经济发展实现提质增效。

第七章 环境规制促进经济高质量发展的影响效应检验

实证检验环境规制促进经济高质量发展的作用效应，论证当前形势下环境规制促进经济高质量发展的合理性和必要性，检验“是否促进”问题，为解决“如何促进”提供科学指导。基于测算得出的环境规制指数和经济高质量发展指数，我们旨在探讨各省份环境规制对经济高质量发展的影响效应。具体而言，本章将经济高质量发展指数视作因变量，环境规制综合指数作为自变量，以实证验证环境规制对经济高质量发展的影响。

第一节 模型构建

为了研究环境规制对经济高质量发展的影响，本书运用固定效应模型，对2013—2020年各省、区、市的环境规制综合指数、行政型环境规制指数、市场型环境规制指数和非正式型环境规制指数对经济高质量发展的影响进行OLS回归，来探究环境规制对经济高质量发展的影响效应。同时，影响经济增长的一系列变量同样也会影响经济高质量发展；因此，控制变量对经济高质量发展的影响不容忽视。由此构造出如下4个计量模型：

$$GTFP_{i,t} = \alpha_0 + \alpha_1 ENV_{i,t} + \sum_k \alpha_k Controls_{k,i,t} + \varepsilon_{i,t} \quad \text{式（7-1）}$$

$$GTFP_{i,t} = \alpha_0 + \alpha_1 ECOM_{i,t} + \sum_k \alpha_k Controls_{k,i,t} + \varepsilon_{i,t} \quad \text{式（7-2）}$$

$$GTFP_{i,t} = \alpha_0 + \alpha_1 EMAR_{i,t} + \sum_k \alpha_k Controls_{k,i,t} + \varepsilon_{i,t} \quad \text{式（7-3）}$$

$$GTFP_{i,t} = \alpha_0 + \alpha_1 EINF_{i,t} + \sum_k \alpha_k Controls_{k,i,t} + \varepsilon_{i,t} \quad \text{式（7-4）}$$

其中，*GTFP* 为经济高质量发展水平，*ENV*、*ECOM*、*EMAR*、*EINF* 分别为环境规制综合指数、行政型环境规制指数、市场型环境规制指数以及非正式型环境规制指数，i，t 分别为省份和年份；ε 为随机扰动项；*Controls* 为一系列控制变量。

第二节 指标选取及数据来源

一、指标选取

根据前文分析，本书认为环境规制能够促进地区的经济高质量发展。因此，为探究环境规制强度与地区经济高质量发展间的关系，本书选择的变量如表 7－1 所示。

表 7－1　变量说明及数据处理

变量性质	变量含义	计算方法
被解释变量	经济高质量发展水平	由 Super－SBM 计算得来
核心解释变量	环境规制综合指数	由环境规制综合指数计算得来
	行政型环境规制	环境处罚案件占人口比重
		工业治理完成额占工业增加值比重
		污染物排放量
		环保系统人员占人口比重
	市场型环境规制	排污费占 GDP 比率
	非正式型环境规制	收入水平
		受教育水平
		人口密度
		年龄结构
控制变量	产业结构升级	产业结构高级化
		产业结构合理化
		产业结构高效化
	固定资产投资额	采用永续盘存法测度的固定资产存量
	城镇化水平	城镇人口占年末常住人口的比重

（一）被解释变量

经济高质量发展。根据前文分析，本书选取全国 30 个省份（除港澳台以及西藏自治区）2013—2020 年的相关数据，采用考虑非期望产出的超效率

SBM模型测算得到绿色全要素生产率（*GTFP*），以此作为地区经济高质量发展的代理变量。

（二）解释变量

环境规制指数。据前文分析以及大多数研究成果，因此本书分别构建了行政型环境规制、市场型环境规制以及非正式型环境规制三个环境规制评价体系，采用熵值法分别得到三个类型的环境规制指数；此外，本书进一步将此三类环境规制作为环境规制综合评价体系的一级指标，采用熵值法测算得到环境规制综合指数。

（三）控制变量

产业结构升级、固定资产投资额以及城镇化水平。（1）产业结构升级（*INS*）。产业结构对全要素生产率存在显著的正向影响，产业结构升级程度越高，能够更好地促进产业转型，从而推动地区经济高质量发展。因此，根据薛飞和周民良（2021）、干春晖，郑若谷，余典范（2011）和徐仙英，张雪玲（2016）的研究，本书选取产业结构高级化、产业结构合理化、产业结构高效化作为产业结构升级的一级指标，并下设具体变量，采取熵值法得到产业结构升级综合指数来衡量地区产业结构升级。（2）固定资产投资（*FIX*）。固定资产投资对全要素生产率存在显著的正向影响，固定资产投资一方面在数量上保持总量平稳增长，另一方面在质量上持续推进供给侧结构性改革，能够有效促进经济全面增值保效。根据郭晗和高小珺（2021）等的研究结果，本书以2013年作为基期，采用永续盘存法测度各地区的固定资产存量，并做对数处理后衡量各省份固定资产投资。（3）城镇化水平（*CIT*）。城镇化水平对全要素生产率存在显著的正向影响，城市化通过加速要素积累、拉动农村剩余劳动力到城市推动产业结构升级来拉动经济，从而在一定程度上有利于地区经济高质量发展。因此，本书根据郭晗、高小珺（2021）等的研究，选取城镇人口占年末常住人口的比值衡量城镇化水平。变量的描述性统计如表7－2所示。

表7－2　变量的描述性统计

变量符号	变量说明	观测值	均值	标准差	最小值	最大值
GTFP	经济高质量发展	240	0.5960	0.3131	0.1991	1.2296
ENV	环境规制综合指数	240	0.1178	0.0828	0.0421	0.5836

续表

变量符号	变量说明	观测值	均值	标准差	最小值	最大值
ECOM	行政型环境规制	240	0.1125	0.0922	0.0283	0.7370
EMAR	市场型环境规制	240	0.2080	0.1811	0.0000	1.0000
EINF	非正式型环境规制	240	0.1121	0.1382	0.0224	0.8921
INS	产业结构升级	240	0.3276	0.0734	0.1551	0.6640
FIX	固定资产投资	240	18.7336	1.2450	9.2103	20.2224
CIT	城镇化水平	240	0.6031	0.1158	0.3789	0.8958

二、数据来源

此外，本书所选取相关变量的样本数据主要来源于国家统计局官网、EPS 数据库①、中国信息通信研究院以及各省市统计年鉴。

第三节 实证结果及分析

一、基准回归结果

根据上文的式（7－1）、式（7－2）、式（7－3）和式（7－4），本章首先采用固定效应模型分别对中国 30 个省份（不含西藏和港澳台地区）2013—2020 年的面板数据进行 OLS 回归，结果如表 7－3 所示。

表 7－3 基准回归结果

变量	经济高质量发展（*GTFP*）			
ENV	0.502*** (0.168)	/	/	/
ECOM	/	0.425*** (0.154)	/	/

① 来源于 EPS 中国宏观经济数据库（分地区）数据。EPS 数据平台是由国全行业数据资源提供商与数据解决方案提供商北京福卡斯特信息技术有限公司提供，官网为 http：//edp. epsnet. com. cn/about. html。

续表

变量	经济高质量发展（*GTFP*）			
EMAR	/	/	-0.179** (0.088)	/
EINF	/	/	/	0.224*** (0.101)
INS	1.114*** (0.220)	1.0744*** (0.220)	0.845*** (0.244)	1.0636*** (0.221)
FIX	0.0742*** (0.011)	0.0763*** (0.011)	0.0777*** (0.011)	0.0761*** (0.011)
CIT	1.252*** (0.138)	1.190*** (0.141)	1.271*** (0.139)	1.288*** (0.139)
常数项	-1.973*** (0.217)	-1.951*** (0.218)	-1.866*** (0.230)	-1.918*** (0.219)

注：***、**、*分别表示在1%、5%和10%的显著性水平下显著，括号内为t统计量。

表7-3中1—4列分别展示了环境规制综合指数、行政型环境规制、市场型环境规制以及非正式型环境规制对经济高质量发展的影响效果。其中，环境规制综合指数对经济高质量的影响系数为0.502，显著地通过了5%水平下的显著性检验，证明环境规制对经济高质量发展有显著的促进作用，验证了研究假设1。这一结论与方永丽（2021）、段玉彬（2023）等得到的研究结论高度相符；其能够促进经济高质量发展的背后原因可能是，环境规制能够调整市场行为，促进资源合理配置和技术进步，从而减少环境成本，提高生产效率和质量，增强企业竞争力，以推动经济实现可持续发展。

环境规制工具的类型不同会影响其对经济高质量发展的影响效应。具体来看，行政型环境规制对经济高质量发展的影响系数为0.425，而市场型环境规制对经济高质量发展的影响系数为-0.179，非正式型环境规制对经济高质量发展的影响系数为0.224，且都显著地通过了5%水平下的显著性检验。可以看出，不同类型的环境规制对经济高质量发展的影响方向不尽相同，验证了研究假设2。其中，行政型环境规制能够显著促进经济高质量发展，其背后的原因可能是，行政型环境规制可以强制企业遵守环保法律法规，减少环境污染和生态破坏，从而推动企业从传统污染型向绿色低碳转型，提高资源利用效率和竞争力，促进经济高质量发展；市场型环境规制对经济高质量发展的影响显著为负，可能的原因是随着经济的发展和技术的进步，企业已经在污染治理方面积累了一定的经验和技术储备，地区或企业对污染治理技术的创新已达到一定高度，因此对于一些常规的环保要求，企业已经能够做到比较好地遵守和执行。然而，随着市场型环境规制的监管成本却逐渐上升，导致企业在环保方面的投入不再有足够的回报，市场型环境规制的监管成本将超过污染防治技术创新的补偿效果从而带来了损失，从而影响了企业的经济效益和发展动力，因此市场型环境规制与经济高质量发展的作用很可能呈现负相关关系，即处于市场型环境规制对经济高质量发展倒"U"形影响的下降阶段。此外，市场型环境规制可能导致市场资源配置扭曲甚至市场失灵。一些市场型环境规制可能会使市场中大多数以经济利益为导向的企业在自发地选择生产方式时，选择对个体而言经济最优的投资或生产方式，从而限制了市场上的资源流动效率，使企业缺乏足够的创新动力和长期投资意愿，影响市场的可持续发展与经济的高质量发展；非正式型环境规制对经济高质量发展的显著正向影响表明，通过社会和市场机制等途径实施的环境规制方式，有助于塑造企业的社会形象，提升品牌价值和信誉度，以吸引更多消费者和投资者，推动企业向可持续发展模式转变，从而促进经济的高质量增长。换言之，非正式环境规制的增强意味着受教育人口的增多、年龄结构的改善以及收入水平的增高，即意味着人力资源得到了积累；高质量人力资源积累则能够进一步通过社会和市场力量等方式提升社会对经济发展质量的关注，进而促进经济高质量发展。此外，无论是在考察环境规制综合指数对经济高质量发展的影响，还是在探讨分类型环境规制对经济高质量发展的影响时，控制变量产业结构升级、固定资产投资水平和城镇化水平对经济高质量发展均有积极促进作用，并且在5%的显著性水平下显著。

总体而言，不同类型环境规制对经济高质量发展的影响方向存在差异，但整体而言，环境规制综合指数对经济发展质量的提升仍起显著的促进作用；综上所述，本书认为环境规制能够显著地推动经济高质量发展。

二、稳健性检验

为了检验结论的可靠性，有必要进行稳健性检验。具体方法如下：首先，由于本书所选取的样本来自中国30个省、自治区、直辖市（除西藏和港澳台地区），考虑到涉及地区较广从而使样本数据差异较大，因此实证结果可能会受到极端值或异常值的影响，故本书对回归样本中经济高质量发展水平中最大和最小的 2.5% 的值分别进行缩尾和截尾处理，以检验结果的稳健性，结果如表 7－4 所示。

表 7－4　稳健性检验结果

变量	经济高质量发展（*GTFP*）							
	缩尾处理				截尾处理			
ENV	0.494*** (0.168)	—	—	—	0.481*** (0.171)	—	—	—
ECOM	—	0.418*** (0.154)	—	—	—	0.410*** (0.156)	—	—
MAR	—	—	−0.188* (0.088)	—	—	—	−0.204** (0.093)	—
EINF	—	—		0.225** (0.101)	—	—	—	0.214** (0.105)
INS	1.057*** (0.220)	1.018*** (0.219)	0.779*** (0.243)	1.008*** (0.220)	1.057*** (0.257)	1.002*** (0.255)	0.640** (0.292)	0.978*** (0.257)
FIX	0.075*** (0.011)	0.077*** (0.011)	0.078*** (0.011)	0.077*** (0.011)	0.070*** (0.012)	0.072*** (0.012)	0.075*** (0.012)	0.072*** (0.012)
CIT	1.249*** (0.136)	1.188*** (0.141)	1.267*** (0.139)	1.285*** (0.139)	1.277*** (0.139)	1.211*** (0.143)	1.281*** (0.140)	1.310*** (0.141)
常数项	−1.97*** (0.217)	−1.94*** (0.218)	−1.85*** (0.230)	−1.97*** (0.218)	−1.88*** (0.220)	−1.86*** (0.221)	−1.73*** (0.235)	−1.89*** (0.222)
调整 R^2	0.5369	0.5345	0.5291	0.5296	0.4964	0.4943	0.4896	0.4885
样本数	240	240	240	240	228	228	228	228

注：***、**、* 分别表示在 1%、5% 和 10% 的显著性水平下显著，括号内为 t 统计量。

从表 7－4 可以看到，环境规制综合指数、行政型环境规制、市场型环境规制以及非正式型环境规制对经济高质量发展的影响的作用方向和显著性与表 7－3 中的结果基本保持一致，即无论是环境规制综合指数或是环境规制分类型指数，其对经济高质量发展的显著影响都通过了稳健性检验。

第四节 本章小结

本章在上文相关文献梳理和理论机制分析的基础上，基于2013—2020年中国30个省（自治区、直辖市）的数据，实证检验了环境规制综合指数以及分类型环境规制指数对经济高质量发展的直接影响效应，主要研究结论发现，环境规制显著推动了经济高质量发展水平的提升，这一发现与“波特假说”相契合，即在一定条件下，环境规制可以激励企业进行技术创新，进而提高经济效率和环境绩效。此外，不同类型环境规制对经济高质量发展水平的影响具有差异性也不同。其中，行政型环境规制对经济高质量发展的影响呈促进作用，即具有强制性和约束性的行政手段能够提高中国经济发展质量；市场型环境规制对经济高质量发展的影响呈抑制作用，这可能是由于市场型环境规制对经济高质量发展的促进作用已达到超过峰值反而起抑制作用的阶段，即在当下的发展阶段，市场型环境规制对经济高质量发展的影响已处于倒“U”形的下降阶段；非正式型环境规制对经济高质量发展的影响呈促进作用，这可能是由于受教育水平提高、年龄结构改善、收入水平提高、人口密度改变等引起的民众的环保思想、环保态度或环保认知的提升对经济发展的质量促进作用显著。本章的实证检验及分析为后续章节的作用机制检验做好了铺垫。

第八章　环境规制影响经济高质量发展的作用机制检验

为检验环境规制促进经济高质量发展的作用机制，本章结合第四章的作用机理分析以及研究假设，从发展方式转变、经济结构优化和发展动能转换角度入手，实证检验环境规制促进经济高质量发展的“质效提升”效应、“结构优化”效应和“动能转换”效应。

第一节　模型构建

基于上文的分析与假设，本书从发展方式转变、经济结构优化、发展动能转换的视角出发，检验环境规制对经济高质量发展的作用机理。根据前文的分析，本书参考江艇（2022）的两步法来实证检验三个机制变量的作用效应。首先，确定环境规制对经济高质量发展的基准回归模型式（8－1）的系数 a_1 是否通过显著性检验，接着分别构建环境规制对发展方式转变（$M1$）、经济结构优化（$M2$）和发展动能转换（$M3$）的模型，通过确定 b_1、c_1 和 d_1 等回归系数是否显著来验证作用机制是否存在。具体的检验模型设定如下：

$$GTFP_{i,t} = a_0 + a_1 ENV_{i,t} + a_2 INS_{i,t} + a_3 FIX_{i,t} + a_4 CIT_{i,t} + \mu_{i,t} \quad \text{式（8－1）}$$

$$M1_{i,t} = b_0 + b_1 ENV_{i,t} + b_2 INS_{i,t} + b_3 FIX_{i,t} + b_4 CIT_{i,t} + \phi_{i,t} \quad \text{式（8－2）}$$

$$M2_{i,t} = c_0 + c_1 ENV_{i,t} + c_2 INS_{i,t} + c_3 FIX_{i,t} + c_4 CIT_{i,t} + \varphi_{i,t} \quad \text{式（8－3）}$$

$$M3_{i,t} = d_0 + d_1 ENV_{i,t} + d_2 INS_{i,t} + d_3 FIX_{i,t} + d_4 CIT_{i,t} + \varepsilon_{i,t} \quad \text{式（8－4）}$$

其中，$GTFP$ 为经济高质量发展水平，ENV 为环境规制综合指数，i,t 分别为省份和年份；INS 为产业结构升级，FIX 为固定资产投资，CIT 为城镇化水平；μ、ϕ、φ、ε、ν 均为随机扰动项。

第二节 指标选取及说明

基于上述分析与设定的研究假说，本书认为环境规制能够通过发展方式转变、经济结构优化、发展动能转换促进经济高质量发展。由此，机制变量的指标选取及说明如表 8-1 所示。

表 8-1 **指标选取及说明**

机制变量	一级指标	二级指标	具体变量
发展方式转变（$M1$）	技术服务能力	技术投入因素	公有经济企事业单位专业技术人员
			电脑年末拥有量
			用电量
		技术产出因素	专利申请数
			专利授权数
			人均 GDP
			人均可支配收入
	组织保障能力	城市经营主体	城镇人口比重
		产业结构发展	第三产业增加值占 GDP 比重
			外贸依赖程度
	制度支撑能力	补贴保障水平	公共财政支出
经济结构优化（$M2$）	能源结构优化程度	社会经济发展程度	GDP 增长率
			城市化水平
			就业率
		能源规划合理程度	单位 GDP 能源消耗量
			煤炭消费占比
			清洁能源消费占比
		环境发展和谐程度	二氧化硫排放量
			工业废水排放量
			一般工业固体废物
	产业结构优化程度	经济发展规模	人均 GDP 的对数
		产业结构情况	地区工业总产值/地区生产总值

续表

机制变量	一级指标	二级指标	具体变量
发展动能转换（$M3$）	需求侧动能	基于恩格尔效应的内需动能	城镇居民人均非食品类消费支出占比
			农村居民人均非食品类消费支出占比
	供给侧动能	人力资本偏向性技术进步动能	每十万人高校在校生数
			规模以上工业企业研发人员当量
		基于熊彼特效应的创新动能	规模以上工业企业研发经费与主营业务收入之比
			规模以上工业企业新产品销售收入与开发经费之比
			地方财政科学技术支出占比
	结构转换动能	全球价值链攀升动能	软件业务出口额与出口总额之比
			规模以上工业企业新产品出口销售收入与出口总额之比

为了科学、合理地测度各作用机制变量，本章在大量阅读相关文献的基础上，构建如表 8－1 所示的具体评价指标体系。具体来讲，发展方式转变评价体系的构建参考刘丽伟，高忠理和周密（2021）的研究，从技术服务能力、组织保障能力以及制度支撑能力三个方面来综合衡量发展方式转变效果；经济结构优化评价体系的构建参考邹韵（2020）以及孟维福，贾鑫晶和杨兆廷（2020）的研究，采用能源结构优化程度和产业结构优化程度衡量经济结构优化效果；发展动能转换评价体系的构建则参考刘戈非和任保平（2020）的研究，分别从需求侧动能、供给侧动能以及结构转换动能三个维度来全面衡量发展动能转换效果。根据表 8－1 中选取的指标，本章采用熵值法分别测算得到发展方式转变（$M1$）、经济结构优化（$M2$）和发展动能转换（$M3$）的综合指数。

第三节　实证结果及分析

一、机制检验结果

本书从发展方式转变、经济结构优化、发展动能转换视角出发，实证检验了环境规制对经济高质量发展的机制效应。通过两步回归法检验传导机制，结果如表8-2所示。由第（1）列的基准回归结果可知，环境规制能够促进经济高质量发展；第（2）~（4）列分别加入发展方式转变、经济结构优化、发展动能转换三个机制变量，结果显示，环境规制能够分别通过发展方式转变、经济结构优化、发展动能转换对经济高质量发展产生显著的正向影响。其中，发展方式转变对环境规制的影响系数为0.232，且通过了1%水平下的显著性检验，证明环境规制能通过促进发展方式转变来促进经济高质量发展，验证了假设3；可能的原因是，环境规制能够鼓励企业改变发展方式，从传统高耗能、高污染的模式向节能环保、可持续发展的模式转变，提高企业竞争力和品牌价值，促进经济转型升级和高质量发展。经济结构优化对环境规制的影响系数为0.359，且通过了1%水平下的显著性检验，证明环境规制能通过促进经济结构优化来促进经济高质量发展，验证了假设4；可能的原因是，环境规制通过鼓励企业向清洁、高科技、高附加值等新兴产业转型，优化经济结构，从而提高经济增长质量和效益。发展动能转换对环境规制的影响系数为0.255，且通过了1%水平下的显著性检验，证明环境规制能通过促进发展动能转换来促进经济高质量发展，验证了假设5；可能的原因是，环境规制可以激励企业进行清洁生产和节能降耗，促进符合环保标准、技术含量高的新兴产业发展，同时淘汰落后产能，促进新旧动能转化，从而实现环境友好、可持续发展的目标，推动经济高质量发展。综上所述，环境规制能够显著地通过发展方式转变、经济结构优化以及发展动能转换促进经济高质量发展；与大多数研究仅从环境规制通过促进产业结构升级影响经济高质量发展不同，本书拓展了环境规制影响经济高质量发展的作用机制。

表8-2　　　　作用机制检验结果

变量	*GTFP*	*M*1	*M*2	*M*3
ENV	0.502*** (0.168)	0.232*** (0.050)	0.359*** (0.078)	0.255*** (0.062)
INS	1.114*** (0.220)	1.114*** (0.220)	-0.272*** (0.088)	0.155* (0.082)
FIX	0.0742*** (0.011)	0.0741*** (0.011)	0.005*** (0.004)	0.021*** (0.004)

续表

变量	*GTFP*	*M*1	*M*2	*M*3
CIT	1.252*** (0.138)	1.252*** (0.138)	0.121*** (0.063)	0.480*** (0.051)
常数项	-1.973*** (0.217)	-0.056*** (0.065)	0.134*** (0.092)	-0.575*** (0.081)

注：***、**、*分别表示在1%、5%和10%的显著性水平下显著，括号内为t统计量。

二、稳健性检验

为了检验回归结果的稳健性，本书在对影响机制进行检验时仍将回归样本中全要素生产率中最大和最小的2.5%的值分别进行缩尾和截尾处理，并根据Baron & Kenny（1986）、Judd & Kenny（1981）检验中介效应的逐步回归法，结果如表8-3所示。可以看到，环境规制仍能分别通过发展方式转变、经济结构优化、发展动能转换对经济高质量发展产生显著影响，且均通过了5%水平下的显著性检验；即环境规制能够分别通过发展方式转变、经济结构优化、发展动能转换显著影响经济高质量发展的结果是稳健的。

表8-3　作用机制的稳健性检验结果

变量	经济高质量发展（*GTFP*）					
	缩尾处理			截尾处理		
ENV	0.223 (1.35)	0.454*** (2.67)	0.283 (1.17)	0.215 (1.29)	0.434* (2.50)	0.279 (1.65)
*M*1	1.165*** (5.70)	—	—	1.237*** (5.83)	—	—
*M*2	—	0.506*** (3.91)	—	—	0.483** (3.05)	—
*M*3	—	—	0.825*** (4.93)	—	—	0.983*** (4.00)
INS	0.527* (2.33)	—	1.929*** (4.40)	0.677** (2.72)	—	0.053*** (4.58)

续表

变量	经济高质量发展（*GTFP*）					
	缩尾处理			截尾处理		
FIX	0.060*** (5.52)	0.089*** (7.85)	0.058*** (5.14)	0.0522*** (4.64)	0.0844*** (7.29)	0.882*** (5.62)
CIT	0.719*** (4.51)	0.185*** (7.49)	0.853*** (5.55)	0.721*** (4.47)	1.211*** (7.48)	0.813*** (4.77)
常数项	-1.314*** (-5.63)	-2.042*** (-9.25)	-1.490*** (-6.54)	-1.215*** (-5.18)	-1.946*** (-8.65)	-1.426*** (-6.18)

注：***、**、*分别表示在1%、5%和10%的显著性水平下显著，括号内为t统计量。

第四节　本章小结

本章基于2013—2020年中国30个省（自治区、直辖市）的数据，分别从发展方式转变、经济结构优化、发展动能转换三个视角出发实证检验环境规制影响经济高质量发展的作用机制。机制分析表明，环境规制可以分别通过发展方式转变、产业结构优化和发展动能转换这三个渠道促进经济高质量发展。具体来讲，在发展方式转变方面，环境规制强制性环保标准、经济手段等方式促进技术升级与发展，推动企业改变生产方式，促进生产效率的提高和生产成本的降低，进而促进经济高质量发展。在经济结构优化方面，环境规制的重要作用不可忽视。通过淘汰落后产能和限制高污染、高耗能产业的发展，能够推动经济发展方式从传统的高能耗、高污染模式向低能耗、低污染的绿色发展模式转变。这种转变不仅能引导企业朝着技术含量高、环保型的新兴产业迈进，同时也能重点发展环保服务、资源回收等绿色产业，实现产业结构的优化和能源结构的升级，从而推动经济实现高质量发展。在发展动能转换方面，环境规制也通过一系列措施如制定环保标准、政策支持和资金扶持，鼓励企业积极发展清洁能源、高效节能等新兴高科技产业，致力于技术创新与价值链升级，实现由污染型经济向绿色经济的转变。这将为经济注入新的增长动力，促使经济实现高质量发展。

第九章　环境规制促进经济高质量发展的案例经验借鉴

本章遵循“案例分析—经验借鉴—政策路径”的思路，分析解决环境规制“如何促进”经济高质量发展的实现路径问题。历史上的重大污染事件的开发治理工作对环境监管促进经济高质量发展具有重要意义。通过对国内外经典案例的治理措施和发展成效进行梳理和分析，可以借鉴吸收成功的经验，并结合自身的资源特点和发展状况进行调整改进，为区域高质量发展提供切实有效的对策建议。

第一节　国内典型案例分析

一、山西省汾河环境治理案例分析

（一）汾河生态环境概述

20 世纪 70 年代以来，汾河流域地下水位急剧下降，这主要是由于当地地下水开采早已超过当地开采量的最大值，再加上常年大规模开发煤矿，其支流几乎停止流动，汾河两岸周边地区呈现出年久失修、污水横流、垃圾堆积的“景象”。由此可见，煤炭工业的发展虽然推动经济的快速发展，但长期大规模采煤活动导致含水层破坏，水位下降以及水环境污染等一系列环境污染问题。同时，汾河流域在整体的保护方面存在较大隐患。在生活污水处理方面，由于农村废水处理经验不足，废水处理基础设施薄弱，加上城乡环境治理工作亟须加强和改进，导致污染物排放严重；在工业废水排放方面，当地经济发展过度依赖第二产业，而第二产业中资源消耗型、污染严重的重工业占据主导地位，工业废水排放量大以及环境治理措施不完善使汾河流域周边环境污染加剧，污染治理存在较大障碍。2017 年，中央生态环境保护督察对山西省进行全面调查，调查结果为“汾河水质长期处于劣Ⅴ类，一直没有得到改善”，环境问题恶化成为人们关注的焦点。搞好汾河流域生态环境治理修复和保护事关山西省经济社会发展大局及对外形象和投资环境，生态环境综合治理需求迫切（李王峰，季海波，李婕等，2009）。

（二）汾河治理措施分析

近年来，随着人口的快速增长和城市的不断扩张，汾河流域生态系统受城市化和工业化双重影响，环境恶化趋势严重，生态修复与重建刻不容缓。山西省委省政府下定决心，坚决打赢环境治理攻坚战。经过实施一系列环境治理措施，使汾河污染问题得到有效改善，进而全面推动山西省经济、社会和生态实现协调发展。

1. 完善环保基础设施建设，加强生态环保治理修复

随着污染防治计划的进行，山西省不断改进、完善全省的生态环境修复体制机制。针对废水排放问题，一方面加强对工业污水和生活污水处置设备的建设，另一方面加大对老城区、城乡结合部等区域的排水系统的改造力度，完善城市污水与雨污管道的分流工程的建设，确保实现“应收尽收”的目标；在自然资源管理上，加强对区域生态空间的控制，实现人口和环境资源的平衡；在生态治理和修复上，要加强环境污染防治，探索科学的环境治理模式，实现生态系统恢复领域的创新发展，探索多元化的环境修复路径，加强完善生态补偿系统，制定综合整治工作。

2. 加大绿色技术研发投入，实现产业绿色转型升级

摒弃“先污染后治理”的老路，秉承可持续发展与绿色发展理念，坚持走绿色的发展道路。在污染防治方面，在增加研发投入的前提下大量引进绿色技术开发人员，加大研发力度，完善绿色技术创新标准，实现生态产业绿色转型；增强环境规制的制定、执行与监督力度，实现环境规制强度倒逼企业实现清洁生产；在高新技术产业发展方面，鼓励企业进行绿色技术创新，着力推动传统产业向高附加值、绿色、智能产业转型；同时，首创“扶贫造林合作社”模式，将汾河两岸的城镇和农村相结合，进一步加强植树造林，协调和促进从单一模式向造林、管理和植树造林管理一体化的过渡，造福全省52万贫困人口；最后，培养社会、企业及公民社会责任感，促使发展绿色产业和清洁生产成为共识，加大对绿色产业的投资，进而带动地方经济的可持续发展。

3. 加强环境规制倒逼强度，加大环保执法监管力度

在生态环境的监管执法方面，落实对生态环境损害的惩罚、赔偿制度。严格规范控制排污口的数量，对排污单位的排污总量实施严格的考核制度以及排污许可证制度；根据《环境保护法》《山西省汾河流域水污染防治条例》《汾河流域排污许可证实施办法》等相关法律规定，实行以下措施：一方面，加大对汾河源头的控制，在汾河流域内不得新增排污口和水污染严重的项目（梁新阳，2002）；另一方面，加大对企业的监管与处罚。若有企业存在废水排放不达标，应停业整顿或予以处罚；此外，立即查封未经批准设立的排污口，对当事人的责任进行依法追究并给予经济处罚。同时建立监督机构，公布治理汾河的目标及任务，宣传汾河的污染现状和对生活的危害影响，接受群众监督和举报。

（三）汾河污染治理经验借鉴

加快生态文明建设是推动新时代高质量发展的必然要求。汾河的有效治理体现了生态保护与经济社会发展的协调。通过治理汾河流域的水污染、水资源管理、生态保护等工作，不仅改善了水环境质量，提升了生态系统的稳定性和服务功能，还为当地经济社会发展提供了可持续的资源和环境支撑。这种兼顾生态保护与经济社会发展的治理模式，体现了生态文明建设的核心理念，也为其他地区在生态环境治理和经济社会发展之间寻求平衡提供了宝贵经验。

作为环绕与维护京津冀、黄河生态安全的重要壁垒，山西省始终秉持习近平生态文明思想，积极践行“两山”理论，持续坚持生态优先、绿色发展理念，通过推进生态保护与修复工程、加强生态环境监测和治理、促进生态产业发展等举措，全面推动高质量发展的美丽山西建设。汾河的有效治理体现了兼顾生态保护与经济社会发展所带来的红利，也为其他流域治理及促进高质量发展提供了经验与启示。

1. 加强政府有效管理

在汾河的治理中，地方政府应重新审视其治理职能，并实施职能细分，将行政服务委托部分职能外包给社会中介机构，推动治理社会化。随后，政府实行“自上而下”的排污费征收的治理措施，从“源头预防”“过程控制”以及“末端治理”三个方面系统提高政策的“减排降污”治理效率，形成一套完备且系统的治理体系。

2. 发挥市场运作调节

在汾河治理工程和太原市城市管理中，太原市通过引入市场竞争因素，运用市场机制消除环境污染的外部不经济性。太原市在工程方案设计、施工队伍选择和建筑材料供应等方面不断推进市场化运作，采取了通过公开招标向社会招商、政府与竞标企业签署生产合同、通过市场竞争选择最佳合作伙伴、实现全面市场化运作等一系列措施优化资源配置，提高工程建设和建材供应的质量和效率，推动经济社会的持续健康发展。

3. 增强社会参与监督

公众在维护环境权益方面扮演着关键角色，而环境保护工作也离不开公众的积极参与。在汾河治理工程中，太原市积极倡导市民投入其中并加以监督，同时也广泛邀请媒体关注并监督整个过程。市民参与是推动城市治理的重要一环。因此，我们积极发动社会群众力量共同参与治理汾河主干道的工作。同时，我们重视媒体的监督作用，动员媒体人员进行实时跟踪采访，及时将治理进程真实地展示给群众，促进透明化和公正性。两者相结合，将有助于推动城市治理向更高水平迈进。

二、太湖流域综合治理案例分析

太湖流域地处长江三角洲区域，人口稠密，经济发达。20 世纪 80 年代以来，太湖经济社会快速发展和水污染治理的疏忽，流域水环境污染不断加剧，水质快速恶化。进入 21 世纪，长三角地区工业化、现代化进一步加快，太湖流域水利与经济社会快速发展的需求存在着严重的不协调问题。水体富营养化趋势严重，太湖周边及流域下游地区因蓝藻的大面积爆发，供水安全受到严重影响。经过多年治理，太湖流域的水质已经大幅改善，取得阶段性成功。但由于入河湖氮磷营养负荷仍远超河湖纳污能力，加之气象因素等多重影响，太湖蓝藻水华暴发风险仍然较高，流域水环境治理形势依然严峻（蔡梅，王元元，龚李莉等，2021）。

（一）太湖流域治理现状

流域内水环境状况仍然不容乐观。一方面，由于入湖河道的水质浓度不达标、主要入河（湖）污染物总量远超太湖纳污能力等深层问题尚未解决，太湖水质目前仍尚难达标，总磷含量的变化规律呈上升趋势；另一方面，蓝藻水华等物质加速湖泊中的磷素循环，进一步提高了水体中的总磷含量，导致恶性循环；此外，太湖仍存在发生大规模蓝藻暴发的潜在危险，太湖的污染总量远远大于其吸收能力，营养过剩的现状并未得到根本改善，而氮、磷养分含量偏高是造成蓝藻水华的重要因素。

流域内重点饮用水水源地的水质尚未全面达标。大部分饮用水水源地水质达到Ⅲ类标准，尚未实现全面达标。河道型水源地水质缺水现象明显，嘉兴河网地区河流型水源地水质有明显的季节性变化，在某些时段，氨氮、总磷等指标均已超出Ⅲ类水质要求，仍未达到稳定达标要求。

区域协同环境治理力度仍亟待加强。到目前为止，太湖流域治理体系仍然是以行政区划为主导，在制度上很难将污染物排放超出流域环境容量的问题统一起来，造成了不同行政区的污染责任不明确，跨界水污染问题难以得到有效解决，社会力量参与环境治理的多元生态治理体系尚未形成。

（二）太湖流域治理措施

随着长三角洲经济蓬勃发展，太湖的环境遭受严重破坏，大量污染物排放及氮磷等物质浓度的增加，导致太湖流域水质恶化、蓝藻超标，并出现严重的水华现象。面对上述问题，太湖流域相关省市纷纷展开讨论，采取一系列措施解决水污染难题。

1. 加强污染源控制，促进产业转型升级

太湖水体的外源污染控制是控制水体污染的关键污染源主要为周边企业工业废水及生活污水的排放。一方面，控制周边企业工业废水的排放量及污水的 COD、氨氮等主要指标，同时增强对现代服务业、战略性新兴产业的建设、对传统工业的改造与创新，把发展从以要素为主导的发展转向以创新为主导的发展。另一方面，借助差别电价等经济政策，鼓励企业采用清洁生产工艺，积极推广有利于环境的先进生产技术，淘汰落后生产能力，促进产业结构调整和技术升级，从源头上减少污染物的产生。同时，对入湖河进行综合治理，提高了入湖河的质量。通过控制源头和控制污染，有效遏制了湖泊污染持续快速发展的趋势。

2. 加强清理淤泥，改善水体内源污染

采取生态清理措施，减少湖体本身有机质等的总量，降低水体的内源污染。为根治污染底泥的危害，提出在太湖率先开展生态清淤试验，在解决生态清淤设计、设备选型、精度控制、余水处理、淤泥处置等关键技术问题的前提下，太湖全面启动了生态清淤工程（陆桂华，张建华，2014）；太湖124平方千米、3500万立方米的生态清淤工作，现已基本完成。

3. 建立预警机制，充分发挥政府职能

及时获取水华情况可以有效阻止其进一步恶化。具体做法为建立有效的水华初步预警防控机制，一方面通过参考遥感和气象信息，采取强化措施；另一方面通过在主要取水口设立监测点的方式加大对水质的监测力度，在水华尚未暴发前作出响应，及时采取防范措施。在此过程中政府充分发挥自身职能，从制度及法律层面对污染治理进行约束，地方政府应建立有针对性的太湖水污染治理相关的环保法律法规，规范流域范围内企业的排污行为。

4. 实施科学引水，提高水资源承载力

促进湖区水体交换，增加水环境容量，保障水源地水质，通过对多年来引江济太工程实践的总结，提出了合理的调水、引水、引水、引水等措施，使太湖的水体结构得到最大程度的改善。长江以望虞河为水源，以梅梁湖泵站为补充，以梅梁湖抽水排出太湖，以望虞河、贡湖、梅梁湖、东太湖为主要水源，不断提高水质。

（三）太湖流域治理经验借鉴

1. 健全环保目标责任制，增强执法力度

健全环境质量目标和治理目标责任制，强化省、市、县三级管理，将治理任务纳入地方国民经济和社会发展年度计划，把水环境治理任务逐级分解落实，并纳入各级人民政府考核体系。制定严格科学的考核办法，强化落实情况的监督管理，结合“三高、两低”企业关停整治专项行动，组织市发改委、市监察局、市环保局等部门继续加强督查太湖流域企业的污染治理工作，严格执行限批政策。企业污染排放量大大减少，污染源得到有效控制。

2. 多部门跨域协同发力，优化治理职能

太湖流域的环境整治涵盖了经贸、水利、农业、渔业、林业、旅游、财政等诸多方面，为了全面有效地治理管控，相关部门协同环保相关主管部门开展污染防治、水体保护的工作。系统整合太湖流域内各地方政府、各部委协同治理职能。国家发改委联合环保总局、自然资源部、水农林畜牧各相关部门以及江苏、浙江、上海两省一市共同制定并颁布了《太湖流域水环境综合治理总体方案》；在江苏省内的沿湖城市之中，对于太湖流域环境问题的整治也由无锡市政府牵头联合苏州、吴江、常州、丹阳等沿湖城市地区，对于太湖流域生态系统的治理进行了新调整，以实现跨域的协同治理，促进治理成效“提质增优”。

3. “政—企—民”通力谋合作，协同助力治污

政府组织不再扮演治理过程中的“家长”角色，而是成为组队合作中的发起人、协调者。除此之外，企业和政府部门还共同商议聚焦“清洁生产”，明确双方责权，制定自愿环境管理协议。社会公众的参与主要体现在市政府公开了对各类企业的环境监测数据，鼓励公众对企业的监督，督促企业及时整改。正是由于无锡市政府、企业、行业协会、公众的通力合作和协同治理，使太湖流域的水污染治理卓有成效，水污染治理质量有了质的飞跃。

第二节　国外典型案例分析

一、日本大气污染治理案例分析

（一）日本大气污染治理的历程发展

二战后日本经济实现惊人的快速发展，但也付出了惨重的环境污染代价，曾一度自嘲为“公害列岛”。以“四日市喘息”事件为例，严重的大气污染社会遭受巨大的经济损失和危害人民安全，并引发一系列环境问题。大气污染就是这一类环境问题中较为典型的代表。结合经济发展水平，日本的大气污染治理大致可划分为“经济高速成长与公害激化”时期（1965—1974年）、“石油危机后与稳定成长”时期（1975—1984年）、“都市生活型大气污染”时期（1985—1999年）和“应对温室效应气体与环境外交”时期（2000年至今）。依据这四个时期的治理成效以及环境管理社会能力的变化，将其大气污染治理历程划分为三个阶段，具体的变化情况如表 9－1 所示。

表 9－1　　日本大气污染治理历程

时期	治理时期		主要治理成果
1965—1974 年	环境管理社会能力的形成期	“经济高速成长与公害激化”时期	国家和地方政府主导建立和完善了一系列环保和大气污染法律法规，各地政府在法律法规的基础上结合当地情况与企业签署防公害协议，极大地推动了企业的技术研发
1975—1990 年	环境管理社会能力的效果产生期	“石油危机后与稳定成长”时期	改进生产技术，减少能源消耗。日本开始制定针对燃油燃气、轿车尾气排放的限制标准，进行车种限制、单体限制以及运行限制激励了生产厂家进行技术研发，以达到改进汽油燃烧效率、减排等目标，同时增强了日本轿车的国际竞争力
		“都市生活型大气污染”初期	
1991 年至今	环境管理社会能力的自律期	“都市生活型大气污染”末期	日本政府利用经济机制推动企业技术创新，在此过程中企业积极引进环境会计、加大环保信息的公开透明化、进行可持续发展，居民积极投身环保、践行环保生活方式，最终四日市从“重污染城市”转变为“环境重生城市”
		“应对温室效应气体与环境外交”时期	

资料来源：借鉴丁红卫和姜茗予（2019）的研究，经作者整理得来。

1965—1974 年是日本环境管理社会能力的形成期，主要是“经济高速成长与公害激化”时期。在经济高速增长的背景下，工业活动迅速扩张，导致大气污染问题加剧，特别是工业排放和交通尾气排放严重污染空气质量。在这一时期，日本政府出台了一系列法律法规和政策措施，包括设立大气污染监测系统、制定排放标准、推动工业清洁生产等，逐步改善了大气环境质量；1975—1990 年，环境管理社会能力的效果开始显现，这一阶段伴随着“石油危机后与稳定成长”时期和“都市生活型大气污染”初期。石油危机导致能源结构调整，随着城市化进程的加速，汽车保有量不断增加，包括工业排放、交通尾气、家庭燃烧等导致的都市生活型大气污染问题日益凸显。为应对交通尾气污染问题，日本推动了汽车工业的升级改造，推广了清洁燃料和车辆技术，有效控制了交通尾气排放，降低了大气污染程度。自 1991 年以来，日本的大气污染治理进入环境管理社会能力的自律期，这一时期主要是应对日本的都市生活型大气污染，开启温室效应气体与环境外交。在这一时期，全球气候变化和温室气体排放成为国际关注焦点，日本需要应对气候变化挑战，减少碳排放和其他温室气体排放。日本政府积极推动能源转型，加大对清洁能源的投资和应用，提高能源利用效率，减少温室气体排放，同时积极参与国际环保合作，为全球应对气候变化发挥积极作用。总体来看，日本在不同时期的大气污染治理取得了显著成果，通过政府的政策引导和产业的努力，有效减少了大气污染物排放，改善了空气质量。

（二）日本大气污染的主要治理措施

日本环境治理的突出特色是重视参与主体多元化，这可进一步从多层次环境治理政府结构、“社会—市场”关系、“政府—社会—市场”关系三个维度分析。

1. 政府环境治理结构完善

设立专门环保管理机构，构建多层次环境治理政府结构。为解决职能分散问题及统一各部门意见，环境污染控制中央委员会认为有必要建立一个管理机构，用来监督污染法规的执行情况。在近几十年间，日本环境领域的管理体制经历了一系列重要的变革和完善，从而构建了以环境省为核心的全国性、一元化、多层次环境治理政府结构。从 1971 年设立环境厅到 2001 年升格为环境省，并推动其他省厅设立专门处理环境问题的部门，构建了以环境省为核心的全国性、一元化、多层次环境治理政府结构（李蔚军，2008；丁芸，2009）。为了更好地掌握大气污染的长期趋势、达标状况以及深入研究污染物的分布和变迁规律，日本成立了大气环境监测网（蔡梅，王元元，龚李莉等，2021）。这些专门机构负责环境监测、数据收集、环境影响评价等工作，可以及时、准确地了解环境状况和污染情况，为环境污染的预测、预警和治理提供了科学依据和有效手段。

2. 社会、市场自组织模式调整

（1）建立市场机制，拓展经济渠道

日本在推动污染防治和管理的市场化和产业化进程中，也在推动环境保护资源的市场化和产业化，提高其供给效率和竞争力，促进环保产业链条的健康发展。经济手段注重“污染者付费”，因此，利用经济工具确保可持续发展已成为环境保护的必要举措。除了增加政府财政收入外，还可以通过内部化环境成本来鼓励人们采取更有效的措施，例如排污权交易、污染税、环境补贴、保证金返还制度、执行奖金、生产者责任、债券等其他经济手段来减少大气污染，降低治理成本。

（2）推行绿色技术，力推环保产业

日本以科技进步为先导的资源节约、清洁生产，以实现环境与经济的可持续协调发展。1974 年实施的“阳光计划”（阳光发电、煤炭液化、地热开发等新能源技术研究开发）、1978 年实施的“月光计划”（燃料电池发电、超导电力应用技术等节能技术研究开发）与 1989 年实施的“地球环境技术开发计划”（人工光合成固定二氧化碳技术、二氧化碳分离技术等）一同并入 1993 年的“新阳光计划”（能源环境领域的综合技术推进计划），该计划通过创新技术开发、国际大型共同研究和实用技术共同研究，在减少能源消耗的同时促进经济增长。此外，日本建立节能制造技术开发、节能技术导入支援等的法律保障机制，例如，1979 年发布、1993 年修订的《能源合理化使用法》，1993 年发布的《节能及废热（物）利用支援法》。在 2002 年 4 月，日本通过了《环境研究和技术开发的推进方针》，明确提出推动产学官合作，建立产学官合作的尖端技术研究开发体制和环境技术孵化中心。此举旨在优化地区学术研究体制，提升大学等环境领域教学和研究质量，以强化环境技术的实证能力，加强环境领域技术人才培养。同时，该方针鼓励积极运用纳米、材料技术和信息技术等尖端技术成果，重点关注亚太地区，积极开展环保领域科技合作，全力支持发展中国家的人才培养和技术转移。

（3）加强环保教育，培养环保意识

日本在 20 世纪 70 年代采取了一系列措施来推动环境教育，包括法律和法规的出台、建立环境教育体系和设置专门课程等。首先，日本出台了环境教育相关的法律和法规，为环境教育的推广和实施提供了法律保障。其次，日本逐步建立了从小学到大学的环境教育体系，为不同年龄段的学生提供了环境教育的机会。自 2005 年起，日本全国范围内开始推行“联合国可持续开发十年教育”活动，全国各地都积极按照相关法律和基本方针开展环保教育和环保知识的学习。特别是政府更加重视通过儿童的环保教育，以及公众和企业的积极参与，实现环境保护工作的社会化、全民化、生活化和日常化。首先，日本出台了环境教育相关的法律和法规，为环境教育的推广和实施提供了法律保障。其次，日本逐步建立了从小学到大学的环境教育体系，为不同年龄段的学生提供了环境教育的机会。另外，日本还设置了专门的环境教育课程，旨在向学生传授环境保护的知识、技能和态度。通过加强环保教育，日本可以提高公众对环境保护的认识和重视程度，培养更多具有环保意识和环保行为的公民，从而推动整个社会朝着更加环保的方向发展。这种环保教育的实践经验，对其他国家也具有借鉴意义，可以帮助其他国家更好地推动环保教育，推动社会朝着可持续发展的方向迈进。

3. "国家—社会"关系重构

（1）推动国家目标社会化

推动环保措施社会化是当前的重要任务。为了履行《京都议定书》的减排目标，日本正在积极引入太阳能技术，开展"协同负 6%"计划，实施森林治理和保护，以及利用京都机制获取排放积分等多种举措。这些努力的目的在于减少温室气体排放，保护地球环境，减缓气候变化的速度。只有通过社会化的环保措施，才能真正实现可持续发展的目标。

（2）加强法律法规约束

为减少排放污染，依照机动车种类规定排放标准和燃油标准；同时，为了有效减少机动车的总体排放水平，日本政府大力推广清洁能源、低排放汽车等环保车型；通过合理规划道路建设，推动轨道交通系统建设和管理系统，建立覆盖范围广、转乘方便的立体交通网。

（3）加强自然环境养护

"国家公园"和"准国家公园"不仅是公众进行环境保护的对象，而且能够满足公众享受生态福利。配合发展"自然公园指导员""公园志愿者"和"生态旅游"，建立游客中心、自然观赏长廊、露营地、与自然共处的教育机构、湿地保护与公园植被恢复展厅等，让人们从自然美景和环境保护中受益。

（三）日本大气污染治理的经验借鉴

作为经济强国和环保大国的日本，20 世纪 70 年代，曾经历经济发展带来的环境污染，并在短时间内从公害大国转变为环保大国，经济发展与生态文明取得双赢的局面。相对而言，日本污染治理起步较早，具有丰富的治理经验，为其他国家污染治理立下了很好的标杆。

1. 设立专门管理机构

为应对环境问题的复杂性和广泛性，以及其跨领域、跨地区的特性，日本设立了专门的环保管理机构——环境省。环境省负责制定严格的环境政策和标准，通过一元化管理集中处理大气污染等问题，确保政策的科学性和可操作性。这些政策为全国各地的环保工作提供了明确的指导和规范，推动了环境保护的系统化和标准化。为确保政策有效执行，环境省将部分权责下放至地方政府，增强了地方政府在环保中的自主性，同时强化了对地方环保工作的监督。这种管理模式实现了集中管理与地方分权的有效结合，不仅提高了环保政策的执行力和效率，还为全球其他国家提供了宝贵的治理经验。环境省的设立成功化解了部门间协调和地区间协商的矛盾，解决了职能混乱和政令不一的问题，显著提升了办事效率，为日本在大气污染治理和环境保护领域取得显著成效奠定了坚实的基础。

2. 鼓励多元参与管理

日本“生态国家”的建设目标强调共同推进和多维管理，意味着政府、社会群体、企业、公民各自发挥作用，共同参与大气污染治理和生态保护的全过程。这种多元参与的管理模式不仅增强了治理的广度和深度，也有效提升了环保政策的执行力和社会的整体环境意识。从 1966 年开始，日本企业在大气污染治理中扮演了关键角色，积极投入大量资金引进先进设备，开发和应用各种节能技术与绿色产品。这些企业还致力于培养和引进绿色技术研发人才，推动了技术创新与环保产业的快速发展。企业通过自我规制和技术创新，不仅提高了自身的市场竞争力，还为社会提供了更多绿色选择，助力实现了经济发展与环境保护的双赢局面。与此同时，日本政府在多元管理中起到了统筹和引导作用。政府不仅制定了严格的环保法律法规，还通过政策激励和财政支持，积极倡导绿色消费和绿色出行。政府通过补贴、税收优惠等方式，鼓励企业生产低能耗、低污染的产品，并推动消费者优先选择环保产品和出行方式。政府还加强了对各类污染现象的监督和惩罚力度，确保法律法规的有效执行，进一步推动了企业和个人的环保行为。在社会层面，公众和社会团体的参与也至关重要。日本政府通过加强环保宣传教育，广泛增强了国民的环保意识，培养了公民的环境责任感。通过各种渠道的宣传，如媒体报道、学校教育、社区活动等，环保意识深入人心，成为公民日常生活的一部分。社会群体和非政府组织在其中也发挥了监督和推动作用，积极参与环境保护行动，倡导环保理念，促使政府和企业在环保问题上更加透明和负责。通过这种多元参与管理，日本在大气污染治理和生态环境保护方面取得了显著成效，逐步实现了经济发展与环境保护的协调共进，成为全球生态管理的典范。

3. 加强环境保护教育

日本政府在积极治理环境污染的同时，明确认识到环境教育对经济、社会发展以及生态环境保护的重要性，率先在全国范围内开展环境教育工作。作为亚洲首个制定并颁布环境教育法的国家，日本建立了以《环境基本法》为基础、以《环境教育推进法》为主体、以多项单行法和地方条例为支撑的环境教育立法体系（许春丽，李保新，2001）。此外，日本十分重视环境教育实践，形成了社会、公众、企业、政府“四位一体”协力参与的系统、合理、高效的环境教育体系。日本环境教育实践的演进主要分为四个阶段：1950 年代至 1970 年代的自然保护教育和公害教育阶段，1970 年代至 1980 年代的引入和探索环境教育理念的阶段，1980 年代的环境教育理念的确认阶段，以及 1990 年代至今的环境教育立法化及其融入社会发展阶段（孙智帅，孙献贞，2017）。借助有效而实用的环境教育，日本向公众传达了生态文明理念，塑造了国民保护生态环境的意识与责任。

二、德国莱茵河生态修复案例分析

（一）莱茵河生态环境修复的历史背景

作为西欧最长的河流，它是欧洲最大的经济区和人口稠密地区的大动脉。然而由于环境治理的滞后和污染的累积和蔓延，莱茵河在 20 世纪 60 年代后期已经成为最方便的污水处理场所，面临着严重的污染问题。1971 年夏天，5—8 吨剧毒农药和超过 100 吨灭火剂进入莱茵河，导致莱茵河入河口到科隆之间的河段被严重污染，大范围的水生生物死亡，约 480 千米范围内的井水受到影响而无法饮用。此外，重金属（铜、镉、汞）、酸性物质、染料、漂液，以及一些含有毒性物质的去污剂、杀虫剂等都直接排入河中对流域内的环境造成了严重的危害，使莱茵河的生态污染日益加重（周刚炎，2007）。

（二）莱茵河生态环境多层面治理措施

在水质改善监测方面，莱茵河沿岸已经建立了大量工业废水和城市生活污水处理厂，以解决废水排放问题。政府严格限制未经处理或未达标的水直接向河道排放，同时鼓励企业联合兴建污水处理系统，并实行有偿使用和处理。此外，德国于1975年颁布了一项洗涤和清洁剂法规（1986年修订），限制了洗涤和清洁剂中磷酸盐的最大含量，从而解决了营养物质问题。重金属控制方面，磷的排放入河量逐年减少，从1975年的42000吨降至1990年的不足5000吨（周刚炎，2005）。政府鼓励生产者采取更加先进的废水处理技术对工业污水进行清洁，同时对部分有害物质进行限制或禁止，以上治理措施使流域的污染程度呈现下滑趋势。在水质监测方面，为保护水质安全与流域环境有效治理，莱茵河保护委员会在莱茵河及其支流建立了水质监测站，从瑞士至荷兰共设有57个监测站点，形成了莱茵河水环境监测网络（何勇，2020）。利用先进的监测体系对莱茵河进行监控，不仅可以测量水质，也可以检测河流中有机污染物及化学物质等百余种有害物质。为增强生物多样性，在河流中增加了浮游生物、鱼类及无脊椎动物进行生物监控。

在生物资源保护方面，在20世纪后半叶，随着人口迅速增长和工业快速发展，莱茵河流域的生态环境遭受了严重污染，水生动物的多样性大幅减少，仅以能够耐受污染的物种为主导。为了缓解这种严重的生态破坏现象，ICPR采取了一系列措施，包括增加鱼苗数量、增设促进生态多样性的栖息地、建造鱼类专用通道，以及增设监测设备来监测鱼苗情况和种类等。通过这些措施，高营养级物种如鲑鱼得以重返其原生栖息地。除此之外，还引入技术性滞水设施、改造旧水电站、修建和加固支流大坝，以及在流域周围建立小规模的防洪设施来解决洪水和地下水问题，从而从生态系统的角度促进整个莱茵河流域的健康。莱茵河流域的相关主体纷纷采取相应措施，如增加鱼苗数量、增设有利于生态多样性发展的栖息地、建造鱼类专用通道、增设监测设备来监测鱼苗情况和种类，并拆除支流上的大坝。

在流域治理合作领域，1963年，根据ICPR框架签订的合作公约，为共同管理莱茵河流域奠定了基础。在这一框架下，各相关部门相互协调，先后实施了诸如莱茵河地区可持续发展计划、高品质饮用水计划、莱茵河防洪行动计划等一系列项目，并采取了拆除不合理的航运、灌溉及防洪工程，以绿植取代两岸水泥护坡，对部分人工河段进行恢复自然河道等举措。此外，委员会还颁布了相应法规，规定对排入河流的工业废水必须进行无害化处理，以减少莱茵河的淤泥污染，严格控制工业、农业、交通和城市生活污染物排放以及防止突发性污染。

（三）莱茵河流域协同开发治理的经验

1. 建立协作机制

ICPR 具有显著的连接和纽带作用，莱茵河的成功治理很大部分得益于 ICPR 合作组织的建立。在 ICPR 的带领下，莱茵河治理计划确定了正确的方向。在人口、资源、环境与经济协调以及可持续发展的原则下，参与国家通过沟通协商得出明确结论，实现多方共赢的局面。通过树立各国政府利益和责任共同体的理念，并以“共赢”为宗旨，加强他们之间的认同感。这将使流域内各地方政府认识到构建共同治理水污染目标的紧迫性和重要性，进而促进各国政府更好地开展跨国治理合作和监督工作。对其即将实施的有关项目进行跨界影响评价，同时还将项目提交给流域管理机构和国际组织进行评价，以实现提前预警和预估的流域管理。完善的流域治理组织和制度有利于凝聚沿岸人民力量在流域范围内展开合作。

2. 增强法律保障

在莱茵河流域的治理过程中，国际法律框架的建立和实施起到了至关重要的作用。许多莱茵河流域的协定属于国际法范畴，各国在签署这些协定后，必须共同遵守，以确保流域的开发利用和生态保护得到协调和规范（王思凯，张婷婷，高宇等，2018）。这些国际治理协定通过法律手段对流域内的污染活动进行约束，有效遏制了跨国污染问题的发生。国际莱茵河保护委员会（ICPR）和欧盟等国际组织在推动这些协定的签订和执行中发挥了关键作用。通过推动各国签署生态保护协议和行动计划，这些组织不仅促进了流域治理的细化和深化，还推动了治理过程的规范化与标准化（黄燕芬，张志开，杨宜勇，2020）。这些协议为各国在流域治理中的合作提供了法律依据，确保了各国在环境保护方面的协同努力。此外，这些国际协定和法律框架还加强了各国在莱茵河流域的合作与协同治理。这种多国合作模式极大地改善了莱茵河的生态环境和发展状况，标志着从过去的无序开发向可持续发展的转变。通过法律保障，各国在共同目标的引导下，逐步实现了流域生态环境的恢复和可持续发展，不仅提高了流域内各国的环境治理水平，还为全球其他跨境流域的生态保护提供了成功的范例。

3. 鼓励多方参与

莱茵河的治理不仅是政府的职责，而且与沿岸工厂、企业和居民的利益息息相关。因此，民众、企业组织和社会机构在莱茵河的协同治理中扮演着关键角色。莱茵河流域的污染问题不仅直接影响当地居民的生活质量，还与沿岸企业的产品质量、经济利益和社会形象密切相关。民众和企业都会积极或被动地参与莱茵河的治理工作。通过健全的监督机制和管理系统，可以迅速定位污染源头，同时也给企业带来巨大的环保压力，鞭策其提升环保技术水平。此外，莱茵河生态环境的改善和治理成功还得益于一些社会组织的积极参与，尤其是一些环保组织的努力。这些组织不仅能向政府部门和相关企业施加影响力，敦促它们关注莱茵河的生态状况并加强环境保护措施，还通过媒体报道、公益广告等方式引起广大民众对环境问题的关注，唤起公众的环保意识，呼吁大家积极参与环境保护，共同推动莱茵河的治理工作取得更大成效。

第三节 国内外典型案例经验借鉴

一、鼓励多元参与治理，开创协同治理新局面

企业、公民和社会组织等非政府力量和组织在跨流域治理机构的建立、治理相关条约和协议的制定以及治理过程监督等方面发挥着积极作用，在治理全过程中扮演着重要角色。政府主要承担了环境保护的责任，采用了行政手段和经济手段相结合的方式。除了建立环境监察系统和政绩考核体系等行政手段外，政府还通过制定合理的资源和环境价格政策、税收政策、补贴政策、排污收费、低息贷款政策以及信用担保政策等措施来创新发展绿色金融，建立生态环境保护的经济激励机制，利用经济手段促进资源的有效合理利用。在发达国家，国家积极引入市场机制来治理环境问题，如建立碳交易市场，排污权交易市场，把政府管理与市场机制结合起来。构建“政府 + 市场 + 公众”多元化治理格局。

二、建立专门管理机构，完善环保法律法规

专门的环保管理机构是一个既有实权又兼顾协调性的机构。它杜绝了多

部门管理的乱象，对相应范围的自然资源进行统一管理与开发，权力较为集中。在这样的管理体制下，各部门积极配合，污染管理、开发及治理措施实施得相当顺利，避免了因多个机构共同管理而导致的相互争夺资源、部门间相互推诿的问题，即使有矛盾也可以在此机构的统一管理下化解。污染治理政策的顺利实施离不开完善的法律法规体系。实施的法律法规涉及面较广，主要包括污染防治、生物多样性和资源保护、废弃物综合利用、清洁生产等，其中最重要的就是有关资源和环境可持续发展的立法。例如日本的一系列与可持续发展紧密相关的法律：1962 年颁布的《烟尘排放规制法》、1967 年的《公害对策基本法》《环境污染控制基本法》、1970 年的《大气污染防治法》修订等，进一步明确污染公害标准、污染惩罚制度。

三、加大绿色技术开发，实现绿色经济增长

从技术上探索解决资源环境问题的切入点，积极推广绿色技术，大力发展环保产业。聚集多学科、高水平、具有不同经验的工程技术专业人员，共同解决环境技术难题，联合攻关解决环境领域重大问题，提高应用开发和技术服务能力。鼓励环保技术的应用，推动高新技术和清洁能源在工业中广泛应用，加强对环保技术研究开发者和使用者的政策支持，吸引国内外环保投资，促进环保技术与服务国际化。推动绿色要素合理流动，优先布局产业，协调发展与保护，促进经济可持续发展。建立科技机构，增加科研经费支持环境科学技术研究，推动科技成果转化应用，引领资源节约、清洁生产，实现环境经济可持续协调发展。

第四节　本章小结

本章通过国内外多个案例，探讨了环境规制如何促进经济高质量发展。案例分析表明，有效的环境治理不仅能够改善生态环境，还能推动产业升级和经济结构优化。在国内方面，山西省汾河治理和太湖流域综合治理案例显示，通过加强政府管理、市场调节和社会监督，结合绿色技术研发和环境规制的强化，可以实现环境质量的改善和经济的可持续发展。山西省通过完善

环保基础设施、推动产业绿色转型和加强环境规制，有效解决了汾河的污染问题。太湖流域则通过污染源控制、内源污染治理和区域协同，取得了水质改善的阶段性成果。在国外方面，日本大气污染治理和德国莱茵河生态修复案例提供了宝贵的经验。日本通过建立多层次环境治理结构、推动社会市场参与和加强环保教育，成功实现了从公害列岛到环境重生城市的转变。德国莱茵河的治理则凸显了国际合作、法律保障和多方参与的重要性。综合这些案例，可以得出几点启示：一是建立有效的环境治理体系，包括政府、市场和社会的协同；二是加强绿色技术的研发和应用，推动产业向绿色、智能方向转型；三是完善法律法规，确保环境规制的有效执行；四是鼓励多方参与，形成政府、企业和公众共治的环境治理新格局。通过这些措施，可以促进环境与经济的协调发展，实现高质量的经济增长。

第十章　环境规制促进经济高质量发展的政策路径探析

基于研究结论，本章准确把握国内外发展环境，探究环境规制促进经济高质量发展的总体思路，为提升区域经济发展质量提供政策建议。

第一节　环境规制促进经济高质量发展的环境分析

围绕环境规制“如何促进”经济高质量发展这一核心问题，本章分析及把握环境规制促进经济高质量发展的优势、劣势、机遇和挑战，从而为探究环境规制促进经济高质量发展的政策路径提供环境分析。

一、环境规制促进经济高质量发展的优势

环境与经济发展之间密切相关。首先，环境规制作为一个灵活的环境治理工具，且逐渐发展成熟，通过适当强度的规制，可以有效实现促进经济高质量发展，适当的环境规制，可以提高企业生产率从而减少因污染带来的成本或促使企业发明新的清洁型技术。在经济发展过程中，中国提出了一系列有关环境建设的有利政策。2012 年，党的十八大首次将生态文明建设列为国家重点战略；2020 年，党的十九届五中全会提出推动绿色发展，促进人与自然和谐共生。开启了中国生态文明建设的新纪元。2021 年，党的十三届全会提出，实现生态文明建设新进步，就要坚持“绿水青山就是金山银山”理念，坚持尊重、顺应、保护自然。2022 年，党的二十大强调继续践行“绿水青山就是金山银山”理念，站在人与自然和谐共生的高度谋划发展，必须加

快发展方式绿色转型，深入推进环境污染防治，提升生态系统多样性、稳定性、持续性。当前，中国已坚定建立起环境保护的基本国策，积极实施“五位一体”总体战略和可持续发展战略，不断探索生态优先、绿色发展的新路径，逐步建立并完善了行政管理、经济激励和公众参与相结合的环境政策体系。

环境规制的实施需要坚实的经济基础，而坚实的经济基础则能够推动经济朝着高质量发展的方向前行。中国如今已成为全球第二大经济体，这是中国共产党和中国人民奋斗百年的成就，也是新中国成立70多年以及改革开放40多年所取得的成果。当前，中国的经济、科技和综合国力均呈现出历史性的提升，这无疑是中国未来可持续发展的优势之一。中国经过百年发展累积的稳固的经济基础，为中国在突发风险情形下能够从容应对，高效解决埋下伏笔。这一成果主要源于中国坚定不移地在社会大局稳定的背景下展开长期发展，积累了雄厚的物质实力，拥有了丰富的人力资源和广阔的市场空间。这些因素致使中国经济保持持续增长和稳定发展的基础未曾有所改变，总体上保持长期向好的势头。因此，良好的经济基础与可持续发展相辅相成，为可持续发展提供更广阔的空间。

二、环境规制促进经济高质量发展的劣势

改革开放以来，中国经济实现高速增长的背后，也造成了严重的生态破坏，水污染、大气污染、土壤污染等问题急需解决，长时间的粗放型发展方式，中国资源和生态环境承载力已接近极限。尽管生态环境保护方面取得了一定成效，2020年相较于2015年，二氧化硫、氮氧化物、化学需氧量和氨氮排放总量分别减少了25.5%、19.7%、13.8%和15%。2021年全国万元国内生产总值能耗比较2020年降低了2.7%。习近平总书记在党的二十大报告中明确强调，加强生态环境保护，解决经济高质量发展所面临的环境挑战。当前，生态保护已成为发展的重中之重，也是实现高质量发展的必然要求。高质量发展的关键在于实现从数量追赶到质量追赶，从规模扩张到结构升级，从要素驱动到创新驱动的转型。然而，目前中国经济全面高质量发展还面临着实现环境保护的瓶颈问题。当前中国环境保护形势依然严峻，工业领域高投入、高消耗、高排放的发展模式并没有彻底改变，资源利用的效率比较低，

生态保护的任务依然任重道远。此外，当前经济发展的部分产业核心竞争力不足，产品附加值不高，能源节约利用与结构调整滞后，煤炭、钢铁、水泥等高耗能行业存在绿色转型短板问题，距离实现高质量的目标还有很大发展空间。因此，生态保护是实现高质量发展的必然选择。

三、环境规制促进经济高质量发展的机遇

目前，中国的环境政策研究日益完善，规制的手段也日益多元化，这是身处这个时代最大的机遇，我们应当把握住现有的研究成果和结论，对环境规制的研究进一步深入，使之有效促进经济高质量发展。“十四五”时期是中国开启第二个百年奋斗目标的起步期和奠基期，也是迈向高水平绿色发展、污染防治攻坚战取得阶段性胜利的关键期，也是推动实现国家治理体系和治理能力现代化的历史机遇期。在这一时期，中国特色生态文明建设迎来了最好的发展环境。科技革命的持续推进为高质量发展注入了新动能，而新一轮的科技变革更是将新兴技术与传统技术融合，催生了以绿色、智能为特征的集体性重大技术进步。除此之外，科学技术的创新也催生了产业的转型变革，推动了人们在生产生活和社会结构等方面的变革，为中国特色生态文明建设开辟了新的重要机遇。在2020年9月的联合国生物多样性峰会上，习近平主席郑重承诺力争在2030年前实现碳达峰、并于2060年前实现碳中和的目标，同时呼吁共同构筑一个繁荣、清洁、美丽的世界。此外，新冠疫情冲击全球，给经济全球化发展造成一定波折，但如今已是疫情之后的时代，全国的经济都在陆续稳定恢复中，中国的经济产业链也在有序重建，为中国实现经济高质量发展提供有利现实条件。

四、环境规制促进经济高质量发展的挑战

自改革开放以来，中国生态文明建设在顶层设计、法律法规出台以及生态环境治理成效等方面取得了有目共睹的成绩，但在此过程中，中国特色生态文明建设也面临着多方面的挑战。同时，中国正处于高质量发展的转型期，迫切需要新旧动能转换的支持，实现经济结构和发展方式的转型。

（一）国际环境不稳定性及不确定性增加

“十四五”时期是中国跻身世界舞台中央的重要时期，在这一阶段，中国面临着错综复杂的挑战，尤其是在新冠疫情全球大流行之后，世界主要力量对比的加速演变使世界陷入动荡变革之中（金瑞庭，2019）。从多极化的趋势向多极格局的转变，霸权主义和强权政治仍然根深蒂固，全球治理和国际规则制定权力的角逐变得更加激烈，联合国2030年可持续发展目标的实现面临着重大挑战。此外，复杂多变的周边地缘政治格局为中国管理国际和国内关系、维护国家核心利益增添了不确定性和不安全因素。与此同时，俄乌冲突引发了全球资本市场的动荡，对生态环境保护、气候变化应对以及全球环境治理体制的改革带来了严重的负面影响。全球政治、经济、社会问题以及全球性环境问题之间的联系日益紧密，多重因素相互交织、共同作用，加剧了国际环境的不稳定和不确定性。

（二）顶层设计与实践探索之间存在鸿沟

发展中国家在生态文明改革顶层理论设计与实践创新之间仍存在缺口。一是在制度建设方面，顶层设计及优化滞后于实践问题，需要政府部门加强顶层设计和制度建设；二是在实践互动方面，顶层设计的执行力度不到位。对生态环境政策规划标准监测评估、监督执法、督察问责的执行不健全；三是在协同推进方面，中央与地方政府的权责划分在中央层面，存在各级政府事权分工不清晰、权责不匹配、目标与激励不相容、统筹不协调等问题。环境规制作为一种外生的市场调节工具，通过合理设计，对技术创新发展和产业的转型升级给予激励作用，对于实现经济平稳增长与生态文明建设的双重目标具有重要研究意义。

（三）经济下行压力大以及转型任务艰巨

受新冠疫情冲击经济全球化的影响，经济全球化进程出现波折，经济下行压力显著增大。中国经济发展面临着需求收缩、供给冲击以及预期转弱等三重巨大挑战，同时能源原材料供应紧张，稳定就业任务十分艰巨，经济增长下行压力巨大。同时，受到疫情反复的影响，经济持续恢复的基础尚不牢固、发展尚不均衡，或将对消费、投资、生产等诸多领域造成影响。虽然如今已是疫情之后的时期，但中国经济尚处在疫情等严重冲击后的恢复发展过程中，经济发展压力对生态文明建设的经济基础创建有一定冲击此外。为了实现高质量发展目标，中国需从长期粗放型的发展方式转向集约型发展，面临着巨大的转型压力。作为一个制造业大国，中国的高能耗产业占据主导地位，迫切需要新的动能来取代传统动能。然而，目前新动能仍有待发掘，促进高新技术的发展、加速产业结构升级以实现经济的高质量发展目标仍有很长的路要走。

第二节　环境规制促进经济高质量发展的总体思路

虽然中国经济在高质量发展方面取得了显著成就，但我们仍需清醒地认识到，当前面临的挑战和问题依然严峻。中国环境规制促进经济高质量发展的总体思路要以实现经济高质量发展为发展目标，以完善优化环境规制为发展任务，以构建特色生态政策体系为发展战略，以加强经济结构优化升级为发展方式，以构建创新驱动发展战略为发展动力，以完善政策制定实施为机制保障，从而得到有效促进中国经济高质量发展的破解思路，如图 10－1 所示。

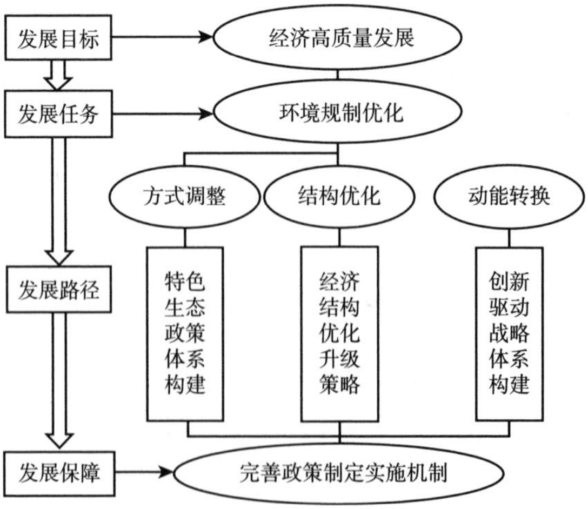

图 10－1　环境规制促进经济高质量发展的总体思路

第三节　环境规制促进经济高质量发展的政策路径

紧紧围绕创新、协调、绿色、开放、共享的“五大发展理念”，以党的十九大报告中“贯彻新发展理念，建设现代化经济体系；加快生态文明体制改革，建设美丽中国；提高保障和改善民生水平，加强和创新社会治理”这三大理论体系为主要突破口，系统探究环境规制促进经济高质量发展的政策路径。

一、因地制宜优化环境规制，推动规制工具协同补进

合理选择环境规制工具，充分发挥环境规制红利。不同类型的环境规制对经济高质量发展的作用也不尽相同，环境标准、产品禁令、许可证与限额等命令控制性环境规制工具具有较大的强制性，而补贴、可交易许可证、环境税费等市场型环境规制工具能够为企业技术创新和效率的提升提供激励而对于公众参与和信息披露等自愿型环境规制工具则更具灵活性，只有采取适宜的环境规制类型才可以最大限度地发挥环境规制的波特假说效应，倒逼产业结构不断调整和优化，激励企业进行技术改革和创新，进而有效促进经济高质量发展。因此政府应积极发挥宏观调控职能，促进其和市场的有机结合，完善构建排污权交易市场、征税补贴等制度，明晰产权主体，减少对市场的干预，从而更好地激励企业进行技术创新，淘汰落后产能，实现环境保护和经济发展的双赢。

要充分认识环境规制工具的差异性，因地制宜调整环境规制强度。在制定环境规制政策之前，要系统分析当地的实际经济发展情况，结合各地的经济发展水平制定与之相适应的环境规制强度，既要避免用力过猛，对生产性成本产生“挤出效应”，从而抑制企业技术创新发展，影响企业的生产效率，也不能因规制强度不够而造成政策执行效果不佳，要掌握好分寸和尺度，制定差异化的环境规制政策。要实现环境保护与经济高质量发展的协同，需要努力提高环境规制的执行效率，保障各地区可以根据自身的经济发展现状灵

活调整规制强度，确保环境规制政策在促进经济高质量发展的过程中发挥最优作用，实现环境保护与经济高质量的协同发展。

二、构建特色生态政策体系，促进绿色低碳循环发展

在追求经济增长的同时，必须高度重视环境保护，实现经济增长与生态环境的协调发展。为此，需要采取更加严格的环境保护措施。首先，要加大环境法规的制定和执行力度，严厉打击环境违法行为，并优化生态、生活、生产三大空间，实现区域生态环境协调发展。尤其是作为“世界工厂”的中国，工业污染是空气污染的重要来源，其中工业二氧化碳排放占全国总排放量的80%左右，因此需要加快实现碳排放达峰，通过低碳环保助推经济高质量发展。

完善以生态保护红线、环境质量底线、资源利用上线和环境准入负面清单“三线一单”为核心的生态环境分区管控体系，落实最严格的生态环境保护制度。通过提升绿色低碳水平，推动轨道交通、新能源公交、电动出租车等低碳交通设施与工具的推广与应用，积极构建“车—油—路”一体的绿色交通体系。此外，还需加大环保投入，加强环境治理和生态保护工作，强化资源节约和循环利用，严格管理节能减排指标，以此逐步改善环境质量，为经济的可持续发展提供有力保障。

要打造绿色大国形象，将绿色发展理念融入农业、工业和服务业的各个环节。绿色转型与技术创新是推动中国绿色产业崛起的动力源泉。在农业方面，相关部门应积极制定绿色农业发展政策，鼓励组建绿色农业生产组织，通过绿色农业技术服务实现农业的生态化和安全化，打造绿色农业体系。在工业方面，以技术创新引领循环经济发展，寻求工业生产全生命周期的绿色化，实现绿色工业。在服务业方面，将绿色发展理念贯穿旅游业、生产性服务业及新兴服务业的发展中，打造集约高效的绿色服务业体系。

如今，绿色发展已成为国际共识。中国应发挥大国责任与担当，树立共同、综合、合作、可持续的新安全观，加强在重大全球性生态环境问题上的沟通与协调，健全绿色经济发展政策的协调机制，深化在节能减排、清洁生产、绿色技术创新等领域的合作，携手推动全球经济的高质量发展。

三、加快经济结构优化升级，打造高质量发展新时代

加快转变经济发展方式，推动经济结构优化升级。中国经济正处于由高速增长向高质量发展转变的关键时期。为了应对这一挑战，必须加快转变经济发展方式，推动产业升级和转型升级。首先，需要深化供给侧结构性改革，优化资源配置，提高要素使用效率。其次，政府应通过制定政策鼓励企业加强产业链合作，鼓励传统产业进行技术改造和升级，运用云计算、大数据等对产业进行优化升级，让数字经济与制造业完美融合，助推制造业数字化转型，促进新兴产业的发展，优化传统产业结构，引导企业向高技术、高附加值、环保型产业转型，向技术密集型、知识密集型产业转型。最后，积极发展新兴产业，特别是高技术产业和绿色产业，培育新的经济增长点。此外，引导资金、人才、技术向知识型、服务型产业转移，创新生产服务模式，全面提升发展质量和效益。让产业结构优化成为环境规制促进经济高质量发展的纽带，加快制造业质量变革、效率变革、动力变革，全力以赴发展高质量制造业。通过这些措施，推动中国经济由传统要素驱动向创新驱动转变，实现经济结构的优化升级。

加快能源结构优化，以推动实现由粗放式增长到集约式增长的转变，确保经济高质量持续性发展。政府要加大对绿色低碳产业发展的帮扶力度，加大新能源和清洁能源的支持和投入力度，推动能源结构向低碳、清洁、可再生方向转型，制定鼓励政策助力优先发展太阳能、风能、水能等清洁能源，强化政府支持、用地保障、人才支撑，让绿色低碳发展成为各产业体系的发展底蕴，提高能源利用效率，减少能源消耗。同时鼓励和支持绿色金融的发展，政府应该加大财政投入，提高财政补贴和支持力度，促进绿色金融与绿色经济的融合，助推投资资金不断流向清洁型产业。

四、完善创新驱动发展战略体系，倒逼节能减排绿色转型

（一）加强科技创新投入

政府应加大对绿色技术研发的财政支持，设立专项基金，鼓励企业和科

研机构在节能减排、清洁能源、绿色制造等领域进行技术创新。通过政策激励，引导企业增加研发投入，加强产学研合作，推动关键技术的创新与突破，推动科技成果的转化和应用。此外，设立绿色技术创新奖项，鼓励企业在绿色技术领域的自主创新。对在绿色技术研发和应用中取得显著成效的企业给予税收优惠、补贴等政策支持，激发企业自主创新的内生动力，提升经济增长质量和效益。

（二）加强清洁技术创新

中国是煤炭燃烧大国，煤炭燃烧产生的二氧化碳总量占全国的70%以上，清洁低碳的能源结构转型对中国实现高质量发展发挥重要作用。因此，要大力推进技术创新的发展，助力企业绿色转型，政府要对企业给予及时并充足的资金支持，可以通过建立“绿色信贷”制度、设立环保产业基金、开展绿色债券发行等方式，为企业提供更为便捷和优惠的融资渠道，落实降低技术创新的贷款门槛；要加大对清洁技术专利研发的投入，同时及时淘汰已不符合绿色、低碳发展需要的落后技术和专利，全力发展绿色技术创新；要持续加强实验室体系建设，实验室是开展基础研究、攻克核心技术的重要活动，发挥着战略支撑引领作用和重大原始创新效能，政府要加大对实验室基地的建设，为技术创新提供平台。

（三）强化创新人才培养

人才是第一资源，是强省的关键，是创新的主体。一方面要加快完善人才引进和培养机制，制定更完善的创新人才引进政策，吸纳国内外高精尖人才来豫工作，让人才为发展赋能，建设人才强国，促进经济创新发展；另一方面要积极为人才职称评聘开启“绿色”通道，使其不受学历、资历等限制，推进社会化职称评审，展现对人才的重视，加大对技术创新的奖励力度，激励攻克技术难题，为创新人才设立专项资金，激发人才的创新活力和创新动力；此外，积极探索建立有利于人才充分发挥创新能力的有效激励体系，注重技能培训、事业平台搭建、晋升渠道及奖励制度的联动，为绿色技术创新发展提供源源不断的人才储备。

（四）注重创新环境培育

构建良好的创新生态、市场环境和社会环境，是推动经济高质量发展的重要手段。为了鼓励企业开展技术创新和研发工作，一是政府应加大对知识产权的保护力度，尤其是加强对绿色技术的知识产权保护，激励企业和科研机构进行绿色创新。通过简化绿色技术的专利申请流程、加快审批速度，提高技术创新的积极性，确保技术成果能够迅速投入市场应用。二是建立绿色科技创新平台。构建以企业为主体、市场为导向、产学研深度融合的绿色科技创新体系。鼓励企业、高校和科研院所共同组建绿色技术研发平台，集中资源攻关节能减排关键技术，促进科技成果的转化和应用。三是政府和社会各界应加强合作，形成尊重人才的良好社会氛围，共同营造良好的创新环境，为经济发展提供持续动力；秉持科技是第一生产力的宗旨，鼓励创新、支持创新、尊重创新，让创新驱动发展战略落地生根；加强构建联通企业、高校和院所的技术创新互联互通体系，切实打造区域人才中心、创新中心，逐步构建完整的产学研相结合的技术创新体系。四是强化国际科技合作。积极参与国际绿色技术创新合作，引进国外先进技术和管理经验，提升国内绿色技术创新能力。通过国际合作，借鉴全球最佳实践，共同应对气候变化和环境挑战，推动全球节能减排和绿色发展。

五、优化政策制定实施机制，力促经济发展提质增效

完善制度保障体系是促进经济高质量发展的关键。这包括了政策制定、实施和监督的全过程，涉及各个方面的法律法规、政策文件、执行机制等。具体来说，完善制度保障体系需要注意以下三个方面。

（一）健全完善制度保障体系

完备的制度保障是实现环境保护和高质量协同发展的关键，推动生态保护和经济高质量发展是一个系统的过程，健全的制度体系能有效连接政府、企业、公众三方主体，能有效推进生态保护与高质量的融合发展，也能利用其特有的规制功能加强二者融合发展的监督和追责。此外，健全的制度体系加强了社会环境保护与高质量融合发展的科学普及，提高了社会公众与企业的环境保护意识，激发了企业为实现高质量目标的科技创新活力，促进了企业的技术创新体系的完善，为环境保护和经济高质量发展保驾护航。

（二）完善内部利益协调机制

利用环境规制促进经济高质量发展，需要统筹兼顾不同发展水平的地区。一方面，灵活调整各地区地方政府的绩效评估标准，政府对于环境规制的实施起着举足轻重的作用，改变通常以“GDP”作为政府官员是否作为的评估标准，加入生态文明建设指标，避免政府一味追求经济发展而不注重生态保护。另一方面，实行多元性的环境规制强度，环境规制政策的实施导致在政府、企业和个人中形成不同的利益主体，要根据各地区发展状况和发展战略的不同，采取有针对性的环境规制政策，促进各地区多元主体协同参与规制措施的实行，保证经济高质量发展与生态保护协同发展。

（三）完善相关法律法规保障

一方面，环境规制法律化有利于其在实施过程中更加的程序化、规范化，增强了合理性和可操作性，将科学性渗透到环境规制的各个方面，使环境规制政策实施的各个环节得到了严格管控和监督。另一方面，环境保护和高质量发展融合需要法律机制的引导和推动，相关法律法规的出台，清晰规范所有参与主体的相应权利和义务，为环保部门参与政府决策做出了保障，为企业配合政府工作提供了法律支持，也保障了公众参与环境规制的法律地位，有利于政府制定经济发展与环境保护相适应的规制政策。

第四节　本章小结

虽然中国经济在高质量发展方面取得了显著成就，但我们仍需清醒地认识到，当前面临的挑战和问题依然严峻。本章围绕环境规制“如何促进”经济高质量发展这一核心问题，分析及把握环境规制促进经济高质量发展的优势、劣势、机遇和挑战，探究环境规制促进经济高质量发展的总体思路，为提升区域经济发展质量提供政策建议。研究发现，中国在环境治理方面取得显著进展，提出一系列政策，如生态文明建设、绿色发展战略，为经济高质量发展提供了政策支持。同时，中国作为全球第二大经济体，拥有坚实的经济基础，为可持续发展提供了广阔空间。然而，中国经济的高速增长背后也伴随着生态破坏等问题，资源和生态环境承载力接近极限，工业领域的发展模式尚未彻底转变，生态保护任务依然艰巨。面对机遇与挑战，本章提出了环境规制促进经济高质量发展的总体思路要以实现经济高质量发展为发展目标，以完善优化环境规制为发展任务，以构建特色生态政策体系为发展战略，以加强经济结构优化升级为发展方式，以构建创新驱动发展战略为发展动力，以完善政策制定实施为机制保障，推动中国经济向更高质量、更有效率、更加公平、更可持续的方向前进。

参考文献

[1] 安孟，张诚，朱冠平．环境规制强度提升了中国经济增长质量吗［J］．统计与信息论坛，2021，36（07）：87－96．

[2] 安乾．文化消费对我国经济增长影响的实证研究［J］．商业经济研究，2019（11）：54－57．

[3] 安树军．中国经济增长质量的创新驱动机制研究［D］．西安：西北大学，2019．

[4] 安树伟，李瑞鹏．黄河流域高质量发展的内涵与推进方略［J］．改革，2020（01）：76－86．

[5] 毕茜，于连超．环境税的企业绿色投资效应研究——基于面板分位数回归的实证研究［J］．中国人口·资源与环境，2016，26（03）：76－82．

[6] 庇古．福利经济学（上、下卷）［M］．施箐译．上海：上海译文出版社，2022．

[7] 卞元超，吴利华，白俊红．市场分割与经济高质量发展：基于绿色增长的视角［J］．环境经济研究，2019，4（07）：96－114．

[8] 蔡梅，王元元，龚李莉等．新一轮太湖流域水环境综合治理的思考和建议［J］．水利规划与设计，2021（02）：4－6，45．

[9] 蔡宁，郭斌．从环境资源稀缺性到可持续发展：西方环境经济理论的发展变迁［J］．经济科学，1996（06）：59－66．

[10] 蔡乌赶，周小亮．中国环境规制对绿色全要素生产率的双重效应［J］．经济学家，2017（09）：27－35．

[11] 蔡跃洲，付一夫．全要素生产率增长中的技术效应与结构效应——基于中国宏观和产业数据的测算及分解［J］．经济研究，2017，52（01）：72－88．

[12] 曹献飞，裴平．企业 OFDI 能促进中国经济高质量发展吗？——基

于产能治理视角的实证研究［J］．中央财经大学学报，2019（11）：96－104．

［13］钞小静，惠康．中国经济增长质量的测度［J］．数量经济技术经济研究，2009，26（06）：75－86．

［14］钞小静，任保平．中国经济增长质量的时序变化与地区差异分析［J］．经济研究，2011（04）：26－40．

［15］钞小静，薛志欣．新时代中国经济高质量发展的理论逻辑与实践机制［J］．西北大学学报（哲学社会科学版），2018，48（06）：12－22．

［16］陈冲，吴炜聪．消费结构升级与经济高质量发展：驱动机理与实证检验［J］．上海经济研究，2019（06）：59－71．

［17］陈光炬．把握和践行绿水青山就是金山银山理念［EB/OL］．光明日报．http：//theory. people. com. cn/n1/2018/0910/c40531－30282382. html，2018－09－10/2020－02－10．

［18］陈诗一，刘朝良，金浩．环境规制、劳动力配置与城市发展［J］．学术月刊，2022，54（02）：48－62．

［19］陈诗一，陈登科．雾霾污染、政府治理与经济高质量发展［J］．经济研究，2018，53（02）：20－34．

［20］陈雯．环境库兹涅茨曲线的再思考——兼论中国经济发展过程中的环境问题［J］．中国经济问题，2005（05）：44－51．

［21］陈耀，张可云，陈晓东等．黄河流域生态保护和高质量发展［J］．区域经济评论，2020（01）：8－22．

［22］陈迎，潘家华．对斯特恩新报告的要点评述和解读［J］．气候变化研究进展，2008（05）：266－271．

［23］陈志建，周超，康梓澳等．环境规制对经济高质量发展影响研究［J］．华东交通大学学报，2021，38（01）：131－135．

［24］崔立志，常继发．非正式环境规制的就业效应研究——基于空间面板杜宾模型的实证分析［J］．广西财经学院学报，2018，31（5）：45－57．

［25］崔立志，常继发．环境规制对就业影响的门槛效应［J］．软科学，2018，32（08）：20－23，48．

［26］戴国宝，王雅秋．民营中小微企业高质量发展：内涵、困境与路

径［J］．经济问题，2019（08）：54－61．

［27］戴翔．高质量开放型经济：特征、要素及路径［J］．天津社会科学，2019（01）：95－100，155．

［28］戴翔．主动扩大进口：高质量发展的推进机制及实现路径［J］．宏观质量研究，2019，7（01）：60－71．

［29］德内拉·梅多斯，乔根·兰德斯，丹尼斯·梅多斯等．增长的极限［M］．李涛，王智勇 译．北京：机械工业出版社，1972．

［30］邓琰如，秦广科．生产性服务业集聚、空间溢出效应对经济高质量发展的影响［J］．商业经济研究，2020（03）：161－164．

［31］丁红卫，姜茗予．日本大气污染治理经验对我国的借鉴——基于环境管理社会能力理论［J］．环境保护，2019，47（22）：69－73．

［32］丁文珺，伍玥．湖北省加快新旧动能转换的路径研究［J］．湖北社会科学，2018（12）：56－67．

［33］丁芸．我国环境税制设计研究［J］．财政经济评论，2009（02）：51－62．

［34］董敏杰，梁泳梅，李钢．环境规制对中国出口竞争力的影响——基于投入产出表的分析［J］．中国工业经济，2011（03）：57－67．

［35］杜人淮．经济高速增长转向高质量发展：路径粘性、迟滞效应和化解［J］．现代经济探讨，2019（04）：1－7．

［36］段玉彬．环境规制与中国经济高质量发展——基于空间计量模型的实证检验［J］．吉林工商学院学报，2023，39（01）：15－21．

［37］范丹，付嘉为，王维国．碳排放权交易如何影响企业全要素生产率？［J］．系统工程理论与实践，2022，42（03）：591－603．

［38］范洪敏，穆怀中．环境规制对城镇二元劳动力就业的影响［J］．经济理论与经济管理，2017（02）：34－47．

［39］范金，姜卫民，刘瑞翔．增加值率能否反映经济增长质量？［J］．数量经济技术经济研究，2017，34（02）：21－37．

［40］方永丽．环境规制助推经济高质量发展研究——基于河南省18地市的实证分析［J］．河南工业大学学报（社会科学版），2021，37（01）：8－13，29．

［41］冯华．可持续发展理论在中国的思想渊源考察［J］．复旦学报

（社会科学版），2002（04）：1－7.

［42］冯志军，陈伟，杨朝均．环境规制差异、创新驱动与中国经济绿色增长［J］．技术经济，2017，36（08）：61－69.

［43］傅京燕，李丽莎．环境规制、要素禀赋与产业国际竞争力的实证研究——基于中国制造业的面板数据［J］．管理世界，2010（10）：87－98，187.

［44］干春晖，郑若谷，余典范．中国产业结构变迁对经济增长和波动的影响［J］．经济研究，2011，46（05）：4－16，31.

［45］高建昆．论新时代对外开放体系的高质量发展［J］．学术研究，2019（12）：89－95.

［46］高苇．环境规制下我国绿色矿业发展研究［D］．武汉：中国地质大学，2018.

［47］高志刚，李明蕊．异质性环境规制、能源效率与新疆经济高质量发展［J］．新疆社会科学，2021，233（04）：62－74，168－169.

［48］弓媛媛，周俊杰．环境规制、产业结构优化与经济高质量发展——以黄河流域沿线地级市为例的研究［J］．生态经济，2021，37（09）：52－60.

［49］辜胜阻，王敏，李洪斌．转变经济发展方式的新方向与新动力［J］．经济纵横，2013（02）：1－8.

［50］郭春丽，王蕴，易信等．正确认识和有效推动高质量发展［J］．宏观经济管理，2018（04）：18－25.

［51］郭晗，高小珺．城镇化、数字经济与经济高质量发展——基于中介效应和调节效应的实证分析［J］．经济视角，2021，40（03）：18－29.

［52］郭晗．数字经济与实体经济融合促进高质量发展的路径［J］．西安财经学院学报，2020，33（02）：20－24.

［53］郭占恒．推动高质量发展的深刻背景和政策取向［J］．浙江经济，2018（02）：32－35.

［54］国务院办公厅．生态环境领域中央与地方财政事权和支出责任划分改革方案［EB/OL］．中华人民共和国中央人民政府，https：//www.gov.cn/zhengce/conte nt/2020－06/12/content_5519063.htm，2020－0 6－12/ 2023－05－04.

［55］韩君，张慧楠．中国经济高质量发展背景下区域能源消费的测度

[J]. 数量经济技术经济研究，2019，36（07）：42－61.

[56] 郝寿义，张永恒. 环境规制对经济集聚的影响研究——基于新经济地理学视角 [J]. 软科学，2016，30（04）：27－30.

[57] 何冬梅，刘鹏. 人口老龄化、制造业转型升级与经济高质量发展——基于中介效应模型 [J]. 经济与管理研究，2020，41（01）：3－20.

[58] 何枫，祝丽云，马栋栋等. 中国钢铁企业绿色技术效率研究 [J]. 中国工业经济，2015（07）：84－98.

[59] 何伟. 中国区域经济发展质量综合评价 [J]. 中南财经政法大学学报，2013（04）：49－56，160.

[60] 何兴邦. 环境规制与中国经济增长质量——基于省际面板数据的实证分析 [J]. 当代经济科学，2018，40（02）：1－10，124.

[61] 何兴邦. 异质型环境规制与中国经济增长质量——行政命令与市场手段孰优孰劣？[J]. 商业研究，2020（09）：82－91.

[62] 何勇. 长江经济带环境协同治理研究 [D]. 武汉：武汉大学，2020.

[63] 何玉梅，罗巧. 环境规制、技术创新与工业全要素生产率——对"强波特假说"的再检验 [J]. 软科学，2018，32（04）：20－25.

[64] 贺晓宇，沈坤荣. 现代化经济体系、全要素生产率与高质量发展 [J]. 上海经济研究，2018（06）：25－34.

[65] 侯世英，宋良荣. 财政分权、地方政府行为与经济高质量发展 [J]. 经济问题探索，2020（03）：33－44.

[66] 侯艺. 供给侧结构性改革与经济高质量发展理论研究综述 [J]. 公共财政研究，2018（03）：87，88－96.

[67] 胡海峰. 开放、发展与深入：经济高质量发展与开放型经济新体制互动研究 [J]. 河南社会科学，2020，28（02）：37－46.

[68] 胡敏. 高质量发展要有高质量考评 [N]. 中国经济时报，2018－01－18（005）.

[69] 胡雪萍，乐冬. 环境规制促进了农业全要素生产率提升吗？[J]. 江汉论坛，2022，533（11）：42－51.

[70] 黄海燕. 中美两国经济发展走势的比较研究 [EB/OL]. 中华人民共和国国家发展和改革委员会，https：//www.ndrc.gov.cn/fggz/fgjh/jsxy/

202104/t20210429_1278673.html，2021-04-29/2022-12-03.

[71] 黄庆华，胡江峰，陈习定．环境规制与绿色全要素生产率：两难还是双赢？[J]．中国人口·资源与环境，2018，28（11）：140-149.

[72] 黄庆华，时培豪，胡江峰．产业集聚与经济高质量发展：长江经济带107个地级市例证［J］．改革，2020，311（01）：87-99.

[73] 黄珊珊．环境规制对我国产业结构升级的影响及其路径分析［D］．南昌：江西师范大学，2020.

[74] 黄顺春，何永保．区域经济高质量发展评价体系构建——基于生态系统的视角［J］．财务与金融，2018（06）：46-51.

[75] 黄速建，肖红军，王欣．论国有企业高质量发展［J］．中国工业经济，2018（10）：19-41.

[76] 黄娅娜，邓洲．新时代经济高质量发展的内涵、现状、问题和对策［J］．中国井冈山干部学院学报，2019，12（05）：23-30.

[77] 黄燕芬，张志开，杨宜勇．协同治理视域下黄河流域生态保护和高质量发展——欧洲莱茵河治理的经验和启示［J］．中州学刊，2020（11）：6-22.

[78] 江春，吴磊，滕芸．中国全要素生产率的变化：2000-2008［J］．财经科学，2010（07）：55-62.

[79] 江红莉，蒋鹏程．财政分权、技术创新与经济增长质量［J］．财政研究，2019（12）：75-86.

[80] 江剑平．新时代建设高质量收入分配体系的逻辑与路径［J］．湘潭大学学报（哲学社会科学版），2019，43（04）：64-68.

[81] 江珂．环境规制对中国技术创新能力影响及区域差异分析——基于中国1995—2007年省际面板数据分析［J］．中国科技论坛，2009（10）：28-33.

[82] 江艇．因果推断经验研究中的中介效应与调节效应［J］．中国工业经济，2022（05）：100-120.

[83] 江小国，张婷婷．环境规制对中国制造业结构优化的影响——技术创新的中介效应［J］．科技进步与对策，2019，36（07）：68-77.

[84] 姜安印，杨志良．新型城镇化建设与城市经济高质量增长——基于双重差分法的实证分析［J］．经济问题探索，2020（03）：84-99.

[85] 蒋志华，李庆子，李瑞娟．转变经济发展方式的内涵及相关范畴研究 [J]. 经济研究导刊，2010，80 (06)：11 - 12.

[86] 解保军．马克思自然观的生态哲学意蕴——"红"与"绿"结合的理论先声 [M]. 哈尔滨：黑龙江人民出版社，2002：162.

[87] 金碚．关于"高质量发展"的经济学研究 [J]. 中国工业经济，2018 (04)：5 - 18.

[88] 金碚．资源环境管制与工业竞争力关系的理论研究 [J]. 中国工业经济，2009 (03)：5 - 17.

[89] 金瑞庭．"十四五"时期国际环境将发生深刻复杂变化 [J]. 中国发展观察，2019 (08)：27 - 29.

[90] 荆文君，孙宝文．数字经济促进经济高质量发展：一个理论分析框架 [J]. 经济学家，2019 (02)：66 - 73.

[91] 景维民，王瑶，莫龙炯．教育人力资本结构、技术转型升级与地区经济高质量发展 [J]. 宏观质量研究，2019，7 (04)：18 - 32.

[92] 景维民，张璐．环境管制、对外开放与中国工业的绿色技术进步 [J]. 经济研究，2014，49 (09)：34 - 47.

[93] 莱斯特·R. 布朗．建设一个持续发展的社会 [T]. 祝友三等译．北京：科学技术文献出版社，1984.

[94] 兰德尔．资源经济学 [M]. 北京：商务印书馆，1989：115.

[95] 蓝乐琴，黄让．创新驱动经济高质量发展的机理与实现路径 [J]. 科学管理研究，2019，37 (06)：10 - 17.

[96] 冷崇总．构建经济发展质量评价指标体系 [J]. 宏观经济管理，2008 (04)：43 - 45.

[97] 李变花．经济增长质量指标体系的设置 [J]. 统计与决策，2004 (01)：25 - 27.

[98] 李光勤，刘莉．环境规制、财政分权与中国绿色经济效率 [J]. 华东经济管理，2018，32 (01)：39 - 45.

[99] 李莉，姜阀．京津冀三地创新与经济高质量发展的耦合协同度差异 [J]. 现代营销，2019：128 - 129.

[100] 李强．环境规制与产业结构调整——基于 Baumol 模型的理论分析与实证研究 [J]. 经济评论，2013，183 (05)：100 - 107，146.

［101］李强．可持续发展概念的演变及其内涵［J］．生态经济，2011（07）：87－90．

［102］李瑞前，张劲松．不同类型环境规制对地方环境治理的异质性影响［J］．商业研究，2020（07）：36－45．

［103］李王峰，季海波，李婕等．汾河流域（灵石段）生态环境治理研究［C］．中国环境科学学会2009年学术年会论文集（第三卷），2009．

［104］李蔚军．美、日、英三国环境治理比较研究及其对中国的启示——体制、政策与行动［D］．上海：复旦大学，2008．

［105］李香菊，杨欢．助推我国经济高质量发展的税收优化研究［J］．税务研究，2019（05）：18－24．

［106］李晓灿．可持续发展理论概述与其主要流派［J］．环境与发展，2018，30（06）：221－222．

［107］李燕．工业互联网平台发展的制约因素与推进策略［J］．改革，2019（10）：35－44．

［108］李扬杰，张莉．基于全局熵值法的长江上游地区产业生态化水平动态评价［J］．生态经济，2021，37（07）：44－48，56．

［109］李豫新，王振宇．丝绸之路经济带背景下经济发展质量评价分析——以新疆为例［J］．生态经济，2017，33（04）：58－63，84．

［110］李子联，王爱民．江苏高质量发展：测度评价与推进路径［J］．江苏社会科学，2019（01）：247－256，260．

［111］李佐军．加快新旧动能转换 促进经济转型升级［J］．领导科学论坛，2017（18）：66－82．

［112］联合国．千年宣言［EB/OL］．https：//documents－dds－ny.un.org/doc/UNDOC/GEN/N00/559/50/PDF/N0055950.pdf? OpenElement，2000－09－13/2019－07－18．

［113］梁琳．关于高质量发展时期进一步扩大开放需要关注的几个问题［J］．内蒙古社会科学（汉文版），2019，40（04）：112－117．

［114］梁新阳．汾河水污染分析与防治措施［J］．图书情报导刊，2002，12（06）：134－136．

［115］廖直东，代法涛，荣幸．高质量发展的创新驱动路径——基于工业创新产出变化及其驱动效应的LMDI分解［J］．产经评论，2019，10

(03)：131-143.

[116] 林毅夫，付才辉，任晓猛．金融创新如何推动高质量发展：新结构经济学的视角 [J]．金融论坛，2019，24 (11)：3-13.

[117] 林毅夫．金融创新如何推动高质量发展：新结构经济学的视角 [J]．新金融评论，2019 (04)：34-45.

[118] 林兆木．我国经济高质量发展的内涵和要义 [J]．西部大开发，2018 (Z1)：111-113.

[119] 刘传江，赵晓梦．强“波特假说”存在产业异质性吗？——基于产业碳密集程度细分的视角 [J]．中国人口·资源与环境，2017，27 (06)：1-9.

[120] 刘戈非，任保平．地方经济高质量发展新动能培育的路径选择 [J]．财经科学，2020 (05)：52-64.

[121] 刘和东，刘童．区域创新驱动与经济高质量发展耦合协调度研究 [J]．科技进步与对策，2020，37 (16)：64-71.

[122] 刘华军，彭莹，裴延峰，贾文星．全要素生产率是否已经成为中国地区经济差距的决定力量？[J]．财经研究，2018，44 (06)：50-63.

[123] 刘金全，张龙．基于总量调控和结构优化视角的我国经济高质量发展财政政策 [J]．软科学，2019，33 (02)：1-5.

[124] 刘丽伟，高中理，周密．中国农业经济发展方式转变中的三大能力及其影响 [J]．数量经济技术经济研究，2021，38 (08)：3-21.

[125] 刘尚希，樊轶侠．论高质量发展与税收制度的适应性改革 [J]．税务研究，2019 (05)：12-17.

[126] 刘帅．五大发展理念视阈下辽宁经济高质量发展评价体系构建 [J]．辽宁行政学院学报，2020 (01)：88-92.

[127] 刘帅．中国经济增长质量的地区差异与随机收敛 [J]．数量经济技术经济研究，2019，36 (09)：24-41.

[128] 刘思明，张世瑾，朱惠东．国家创新驱动力测度及其经济高质量发展效应研究 [J]．数量经济技术经济研究，2019，36 (04)：3-23.

[129] 刘伟，童健，薛景等．环境规制政策与经济可持续发展研究 [M]．北京：经济科学出版社，2017.

[130] 刘伟，童健，薛景．行业异质性、环境规制与工业技术创新

[J]. 科研管理, 2017, 38 (05): 1-11.

[131] 刘晓玲. 开放型经济发展质量与效益评价指标体系的构建 [J]. 对外经贸, 2013 (09): 30-32.

[132] 刘亚雪, 田成诗, 程立燕. 世界经济高质量发展水平的测度及比较 [J]. 经济学家, 2020 (05): 69-78.

[133] 刘尧飞, 李茂荣. 地方政府在城市环境治理的策略选择——以汾河治理为例 [J]. 中国市场, 2009 (49): 86-88.

[134] 刘勇, 李志祥, 李静. 环境效率评价方法的比较研究 [J]. 数学的实践与认识, 2010 (01): 84-92.

[135] 刘宇, 周建新. 新时代我国文化产业高质量发展的路径研究 [J]. 出版广角, 2019 (10): 9-12.

[136] 刘章生. 环境规制的绿色技术创新效应研究 [D]. 武汉: 华中科技大学, 2017.

[137] 刘治彦. 新时代中国可持续发展战略论纲 [J]. 改革, 2018, 294 (08): 25-34.

[138] 娄昌龙. 环境规制、技术创新与劳动就业 [D]. 重庆: 重庆大学, 2016.

[139] 卢倩倩, 许光建, 许坤. 决胜全面建成小康社会 开启经济高质量发展新篇章——2019-2020 年物价形势分析与展望 [J]. 价格理论与实践, 2020 (01): 11-17.

[140] 卢现祥. 论产权制度、要素市场与高质量发展 [J]. 经济纵横, 2020 (01): 2, 65-73.

[141] 陆桂华, 张建华. 太湖水环境综合治理的现状、问题及对策 [J]. 水资源保护, 2014, 30 (02): 4.

[142] 陆静超. 经济增长理论的沿革与创新——评新古典增长理论与新增长理论 [J]. 哈尔滨工业大学学报 (社会科学版), 2004, 6 (05): 94-98.

[143] 罗楚亮. 居民收入差距与经济高质量发展 [J]. 湘潭大学学报 (哲学社会科学版), 2019, 43 (04): 51-57.

[144] 罗慧, 霍有光, 胡彦华等. 可持续发展理论综述 [J]. 西北农林科技大学学报 (社会科学版), 2004 (01): 35-38.

[145] 吕岩威，谢雁翔，楼贤骏．中国区域绿色创新效率时空跃迁及收敛趋势研究［J］．数量经济技术经济研究，2020，37（05）：78－97.

[146] 马茹，罗晖，王宏伟等．中国区域经济高质量发展评价指标体系及测度研究［J］．中国软科学，2019（07）：60－67.

[147] 马茹，张静，王宏伟．科技人才促进中国经济高质量发展了吗？——基于科技人才对全要素生产率增长效应的实证检验［J］．经济与管理研究，2019，40（05）：3－12.

[148] 马士国．基于市场的环境规制工具研究述评［J］．经济社会体制比较，2009（02）：183－191.

[149] 马昱，邱菀华，王昕宇．高技术产业集聚、技术创新对经济高质量发展效应研究——基于面板平滑转换回归模型［J］．工业技术经济，2020（02）：13－20.

[150] 梅多斯．超越极限：正视全球性崩溃，展望可持续的未来［M］．赵旭，周欣华，张仁俐译．上海：上海译文出版社，2001.

[151] 孟维福，贾鑫晶，杨兆廷．金融发展、制度环境优化与技术创新——基于空间杜宾模型的实证检验［J］．江汉论坛，2020（08）：29－36.

[152] 穆献中，周文韬，胡广文．不同类型环境规制对全要素能源效率的影响［J］．北京理工大学学报（社会科学版），2022，24（03）：56－74.

[153] 聂长飞，简新华．中国高质量发展的测度及省际现状的分析比较［J］．数量经济技术经济研究，2020（02）：26－47.

[154] 欧文汉．积极发挥财政政策作用 着力推动经济高质量发展［J］．宏观经济管理，2020（02）：10－12.

[155] 潘素昆，王跃生．利用对外直接投资推动中国经济高质量发展［J］．新视野，2018（04）：89－95.

[156] 彭佼羊．环境规制下中国制造业绿色全要素生产率与发展方式转变研究［D］．厦门：华侨大学，2016.

[157] 彭文斌，文泽宙．绿色创新与中国经济高质量发展［J］．江汉论坛，2019，495（09）：36－43.

[158] 齐骥，陆梓欣．重大疫情视角下“宅经济”创新发展的思考［J］．福建论坛（人文社会科学版），2020（06）：39－47.

［159］钱争鸣，刘晓晨．环境管制与绿色经济效率［J］．统计研究，2015，32（07）：12－18.

［160］乔美华，石东领．质量文化、经济高质量发展的测度与时空演进［J］．统计与决策，2020（13）：23－25.

［161］秦书生．社会主义生态文明建设研究［M］．沈阳：东北大学出版社，2015：125.

［162］秦淑悦．产业集聚对城市绿色效率的影响研究——以长江经济带108个城市为例［D］．安徽：安徽大学，2019.

［163］曲向荣．环境保护与可持续发展［M］．北京：清华大学出版社，2010.

［164］人民网．中国为什么提“绿水青山就是金山银山”？［EB/OL］．https：//baijiahao. baidu. com/s? id＝1644162852871026991&wfr＝spider&for＝pc，2019－09－09/2020－02－14.

［165］任保平，李禹墨．新时代我国高质量发展评判体系的构建及其转型路径［J］．陕西师范大学学报（哲学社会科学版），2018，47（03）：105－113.

［166］任保平，文丰安．新时代中国高质量发展的判断标准、决定因素与实现途径［J］．改革，2018（04）：7－9.

［167］任保平，张倩．黄河流域高质量发展的战略设计及其支撑体系构建［J］．改革，2019（10）：26－34.

［168］任保平．数字经济引领高质量发展的逻辑、机制与路径［J］．西安财经学院学报，2020，33（02）：5－9.

［169］任保平．新时代中国经济从高速增长转向高质量发展：理论阐释与实践取向［J］．学术月刊，2018b，50（03）：66－74，86.

［170］任保平．新时代中国经济增长的新变化及其转向高质量发展的路径［J］．社会科学辑刊，2018a，238（05）：35－43.

［171］任保平．经济增长质量：经济增长理论框架的扩展［J］．经济学动态，2013（11）：45－51.

［172］任海军，崔婧．经济高质量发展评价指标体系构建与实证［J］．统计与决策，2022，38（13）：31－34.

［173］茹少峰，魏博阳，刘家旗．以效率变革为核心的我国经济高质量

发展的实现路径［J］．陕西师范大学学报（哲学社会科学版），2018，47（03）：114－125．

［174］萨缪尔森，诺德豪斯．经济学［M］．曹祖平 译．北京：华夏出版社，1999：263．

［175］申晨，贾妮莎，李炫榆．环境规制与工业绿色全要素生产率——基于命令—控制型与市场激励型规制工具的实证分析［J］．研究与发展管理，2017，29（02）：144－154．

［176］沈坤荣，傅元海．外资技术转移与内资经济增长质量——基于中国区域面板数据的检验［J］．中国工业经济，2010（11）：5－15．

［177］沈坤荣，赵倩．中国经济高质量发展的能力基础、能力结构及其推进机制［J］．经济理论与经济管理，2020（04）：4－12．

［178］沈利生，王恒．增加值率下降意味着什么［J］．经济研究，2006（03）：59－66．

［179］沈能，刘凤朝．高强度的环境规制真能促进技术创新吗？——基于“波特假说”的再检验［J］．中国软科学，2012（04）：49－59．

［180］生态环境部．生态环境部公布“清废行动2018”问题清单［EB/OL］．http：//www.gov.cn/xinwen/2018－05/18/content_5291795.htm，2018－05－18/2020－08－02．

［181］生态环境部网站．生态环境部公布2019年全国生态环境质量简况［EB/OL］．http：//www.gov.cn/xinwen/2020－05/08/content_5509650.htm，2020－05－08/2020－08－10．

［182］盛斌，吕越．外国直接投资对中国环境的影响——来自工业行业面板数据的实证研究［J］．中国社会科学，2012（05）：54－75．

［183］师博，樊思聪．中国省际经济高质量发展潜力测度及分析［J］．东南学术，2020（04）：4－12．

［184］师博，韩雪莹．中国实体经济高质量发展测度与行业比较：2004－2017［J］．西北大学学报（哲学社会科学版），2020，50（01）：57－64．

［185］师博，任保平．中国省际经济高质量发展的测度与分析［J］．经济问题，2018（04）：1－6．

［186］师博，张冰瑶．全国地级以上城市经济高质量发展测度与分析［J］．社会科学研究，2019，242（03）：19－32．

[187] 师博. 论现代化经济体系的构建对我国经济高质量发展的助推作用 [J]. 陕西师范大学学报（哲学社会科学版），2018，47（03）：126－132.

[188] 师博. 人工智能助推经济高质量发展的机理诠释 [J]. 改革，2020（01）：30－38.

[189] 世界环境与发展委员会：我们共同的未来 [M]. 王之佳，柯金良 译. 长春：吉林人民出版社，1997.

[190] 世界银行. 1992 年世界发展报告：发展与环境（中译本）[M]. 北京：中国财政经济出版社，1992：25.

[191] 宋德勇，黄璨. 长江经济带城市绿色全要素生产率测度——以长江经济带的 108 个城市为例 [J]. 城市问题，2017（01）：61－67.

[192] 宋国恺. 新时代高质量发展的社会学研究 [J]. 中国特色社会主义研究，2018（05）：60－68.

[193] 宋耀辉. 陕西省经济发展质量评价 [J]. 资源开发与市场，2017，33（04）：456－461.

[194] 孙英杰，林春. 试论环境规制与中国经济增长质量提升——基于环境库兹涅茨倒 U 型曲线 [J]. 上海经济研究，2018，354（03）：84－94.

[195] 孙智帅，孙献贞. 环境治理的国际经验与中国借鉴 [J]. 青海社会科学，2017（03）：35－43.

[196] 覃正爱. 中国特色社会主义新时代高质量发展问题探析 [J]. 理论视野，2019（05）：11－17.

[197] 唐娟，秦放鸣，唐莎. 中国经济高质量发展水平测度与差异分析 [J]. 统计与决策，2020（15）：5－8.

[198] 唐毅南. 中国经济真是“粗放式增长”吗——中国经济增长质量的经验研究 [J]. 学术月刊，2014（12）：82－96.

[199] 陶静，胡雪萍. 环境规制对中国经济增长质量的影响研究 [J]. 中国人口·资源与环境，2019，29（06）：85－96.

[200] 田素华，李筱妍，王璇. 双向直接投资与中国经济高质量发展 [J]. 上海经济研究，2019（08）：25－36.

[201] 童纪新，王青青. 中国重点城市群的雾霾污染、环境规制与经济高质量发展 [J]. 管理现代化，2018，38（06）：59－61.

[202] 涂正革，周涛，谌仁俊等．环境规制改革与经济高质量发展——基于工业排污收费标准调整的证据［J］．经济与管理研究，2019，40（12）：77－95.

[203] 万光彩，陶云凯，叶龙生．环境规制、产业转型与安徽经济高质量发展［J］．华东经济管理，2019，33（11）：24－29.

[204] 汪宗顺，郑军，汪发元．产业结构、金融规模与经济高质量发展——基于长江经济带11省市的实证［J］．统计与决策，2019，35（19）：121－124.

[205] 王斌会，伍桑妮．环境规制、绿色技术创新与经济高质量发展的影响研究［J］．工业技术经济，2022，41（10）：143－151.

[206] 王兵，吴延瑞，颜鹏飞．中国区域环境效率与环境全要素生产率增长［J］．经济研究，2010（05）：95－109.

[207] 王桂军，张辉，金田林．中国经济质量发展的推动力：结构调整还是技术进步［J］．经济学家，2020（06）：59－67.

[208] 王洪亮，沈妍．消费对我国迈向高质量发展阶段的拉动效应研究［J］．价格理论与实践，2019（03）：33－36.

[209] 王慧艳，李新运，徐银良．科技创新驱动我国经济高质量发展绩效评价及影响因素研究［J］．经济学家，2019（11）：64－74.

[210] 王靖华，李鑫．以创新推动我国经济高质量发展的路径［J］．经济研究导刊，2018，378（28）：10－11.

[211] 王娟娟．中国高质量对接“一带一路”市场机制创新研究［J］．西北民族大学学报（哲学社会科学版），2020（02）：101－111.

[212] 王启超，王兵，彭睿．人才配置与全要素生产率——兼论中国实体经济高质量增长［J］．财经研究，2020，46（01）：64－78.

[213] 王青，李佳馨，郭辰．城市群功能分工对经济高质量发展的影响——基于长三角城市群面板数据的实证分析［J］．企业经济，2020（05）：53－61.

[214] 王群勇，陆凤芝．环境规制能否助推中国经济高质量发展？——基于省际面板数据的实证检验［J］．郑州大学学报（哲学社会科学版），2018，51（06）：64－70.

[215] 王思凯，张婷婷，高宇等．莱茵河流域综合管理和生态修复模式及其启示［J］．长江流域资源与环境，2018，27（01）：215－224.

[216] 王文普．环境规制的经济效应研究［D］．济南：山东大学，

2012.

[217] 王翔，王天天．地方政府间竞争压力、环境规制与技术创新研究［J］．生态经济，2020，36（11）：151－158，187.

[218] 王雄飞，李香菊，杨欢．中国经济高质量发展下财政模式创新与政策选择［J］．当代财经，2018（11）：25－34.

[219] 王旭霞，雷汉云，王珊珊．环境规制、技术创新与绿色经济高质量发展［J］．统计与决策，2022，38（15）：118－122.

[220] 王雅林，何明升．论现代化的发展质量［J］．社会学研究，1997（03）：36－44.

[221] 王永昌，尹江燕．论经济高质量发展的基本内涵及趋向［J］．浙江学刊，2019（01）：91－95.

[222] 王勇，李雅楠，李建民．环境规制、劳动力再配置及其宏观含义［J］．经济评论，2017（02）：15.

[223] 王振华，孙学涛，李萌萌等．中国县域经济的高质量发展——基于结构红利视角［J］．软科学，2019，33（08）：68－72.

[224] 魏敏，李书昊．新常态下中国经济增长质量的评价体系构建与测度［J］．经济学家，2018a（04）：19－26.

[225] 魏敏，李书昊．新时代中国经济高质量发展水平的测度研究［J］．数量经济技术经济研究，2018b（11）：3－20.

[226] 魏蓉蓉．金融资源配置对经济高质量发展的作用机理及空间溢出效应研究［J］．西南民族大学学报（人文社科版），2019，40（07）：116－123.

[227] 文兼武，余芳东．经济增长质量的中外比较［J］．统计研究，1998（05）：31－34.

[228] 吴爱东，王娟．技术创新，还是结构升级效率？——推动高质量发展的主导动能分析［J］．科技管理研究，2019，39（14）：210－217.

[229] 吴传清，邓明亮．科技创新、对外开放与长江经济带高质量发展［J］．科技进步与对策，2019，36（03）：33－41.

[230] 吴亮．数字化赋能产业结构优化促进区域经济高质量发展实证研究［J］．贵州社会科学，2022（07）：125－132.

[231] 武建新，胡建辉．环境规制、产业结构调整与绿色经济增长——

基于中国省级面板数据的实证检验［J］．经济问题探索，2018（03）：7－17.

［232］武云亮，钱嘉兢，张廷海．环境规制、绿色技术创新与长三角经济高质量发展［J］．华东经济管理，2021，35（12）：30－42.

［233］习近平．决胜全面建成小康社会夺取新时代中国特色社会主义伟大胜利——在中国共产党第十九次全国代表大会上的报告［M］．北京：人民出版社，2017.

［234］习近平．论坚持人与自然和谐共生［M］．北京：中央文献出版社，2022：281－282.

［235］习近平．习近平谈治国理政［M］．北京：外文出版社，2014：263.

［236］夏凉，朱莲美，王晓栋．环境规制、财政分权与绿色全要素生产率［J］．统计与决策，2021，37（13）：131－135.

［237］向国成，邝劲松，文泽宙．研发投入提升经济发展质量的分工门槛效应研究——来自中国的经验证据［J］．世界经济文汇，2018，245（04）：84－100.

［238］肖红叶，李腊生．我国经济增长质量的实证分析［J］．统计研究，1998（04）：8－14.

［239］肖仁桥，沈路，钱丽．新时代科技创新对中国经济高质量发展的影响［J］．科技进步与对策，2020，37（04）：1－10.

［240］肖祎平，杨艳琳，宋彦．中国城市化质量综合评价及其时空特征［J］．中国人口·资源与环境，2018，28（09）：112－122.

［241］肖周燕．中国高质量发展的动因分析——基于经济和社会发展视角［J］．软科学，2019，33（04）：1－5.

［242］徐成龙．环境规制下产业结构调整及其生态效应研究［D］．济南：山东师范大学，2015.

［243］徐辉，师诺，武玲玲等．黄河流域高质量发展水平测度及其时空演变［J］．资源科学，2020，42（01）：115－126.

［244］徐开军，原毅军．环境规制与产业结构调整的实证研究——基于不同污染物治理视角下的系统 GMM 估计［J］．工业技术经济，2014，33（12）：101－109.

[245] 徐鹏杰，杨萍．扩大开放、全要素生产率与高质量发展［J］．经济体制改革，2019（01）：32－38.

[246] 徐瑞慧．高质量发展指标及其影响因素［J］．金融发展研究，2018（10）：36－45.

[247] 徐仙英，张雪玲．中国产业结构优化升级评价指标体系构建及测度［J］．生产力研究，2016（08）：47－51.

[248] 徐现祥，李书娟，王贤彬等．中国经济增长目标的选择：以高质量发展终结“崩溃论”［J］．世界经济，2018，41（10）：3－25.

[249] 徐盈之，童皓月．金融包容性、资本效率与经济高质量发展［J］．宏观质量研究，2019，7（02）：114－130.

[250] 徐盈之，杨英超，郭进．环境规制对碳减排的作用路径及效应——基于中国省级数据的实证分析［J］．科学学与科学技术管理，2015，36（10）：135－146.

[251] 许春丽，李保新．日本大气污染的控制对策及现状［J］．环境科学动态，2001（03）：33－36.

[252] 许思雨，薛鹏．中国经济高质量发展的内涵与评判：一个文献综述［J］．商业经济，2019（05）：132－134.

[253] 许先普，陈天鑫．旅游消费、产业结构调整与区域均衡发展［J］．消费经济，2019，35（02）：25－33.

[254] 许永兵．河北省经济发展质量评价——基于经济发展质量指标体系的分析［J］．河北经贸大学学报，2013（01）：58－65.

[255] 薛飞，周民良，刘家旗．数字基础设施降低碳排放的效应研究——基于“宽带中国”战略的准自然实验［J］．南方经济，2022（10）：19－36.

[256]［英］亚当·斯密．国富论（上下）［M］．北京：商务印书馆，2014.

[257] 闫坤，张鹏．构建推进质量强国战略的财政政策体系［J］．宏观质量研究，2019，7（01）：8－16.

[258] 闫文娟，郭树龙，史亚东．环境规制、产业结构升级与就业效应：线性还是非线性？［J］．经济科学，2012（06）：25－34.

[259] 燕洪．中国财政转移支付制度思想及其实践（1978－2020）［D］．上海：上海财经大学，2024.

［260］杨朝飞．我国环境法律制度和环境保护若干问题［EB/OL］．中国人大网，http：//www. npc. gov. cn/npc/c541/201211/63ba26f719454bf1a673ac1762850c85. shtml，2012 －11 －23 /2022 －08 －12.

［261］杨冬民．新时代新旧动能转换的使命与担当［J］．群言，2018（08）：4 －6.

［262］杨新洪．“五大发展理念”统计评价指标体系构建——以深圳市为例［J］．调研世界，2017（07）：3 －7.

［263］杨志安，刘益彤．基于因子分析的我国政府环境规制实证研究［J］．信阳师范学院学报（哲学社会科学版），2016，36（06）：34 －40.

［264］杨志安，邱国庆．财政分权与中国经济高质量发展关系——基于地区发展与民生指数视角［J］．财政研究，2019（08）：27 －36.

［265］姚茜，景玥．习近平擘画“绿水青山就是金山银山”：划定生态红线 推动绿色发展［EB/OL］．http：//cpc. people. com. cn/n1/2017/0605/c164113 －29316687. htm，2017 －06 －05/ 2020 －02 －14.

［266］叶好，叶琪．环境规制对我国制造业就业质量的影响［J］．商业经济，2018（09）：57 －61.

［267］殷醒民．高质量发展指标体系的五个维度［N］．文汇报，2018 －02 －06（012）.

［268］于斌斌．中国城市生产性服务业集聚模式选择的经济增长效应——基于行业、地区与城市规模异质性的空间杜宾模型分析［J］．经济理论与经济管理，2016（01）：98 －112.

［269］于峰．环境库兹涅茨曲线研究回顾与评析［J］．经济问题探索，2006（08）：4 －10.

［270］于潇．环境规制政策影响经济增长机理的生成逻辑［J］．经济问题探索，2018（06）：175 －181.

［271］于潇．环境规制政策影响经济增长机理研究［D］．厦门：厦门大学，2019.

［272］余奕杉，高兴民，卫平．生产性服务业集聚对城市群经济高质量发展的影响——以长江经济带三大城市群为例［J］．城市问题，2020（07）：56 －65.

［273］余泳泽，胡山．中国经济高质量发展的现实困境与基本路径：文

献综述［J］．宏观质量研究，2018，6（04）：1－17.

［274］余泳泽，杨晓章，张少辉．中国经济由高速增长向高质量发展的时空转换特征研究［J］．数量经济技术经济研究，2019，36（06）：3－21.

［275］禹久泓，武传浩．环境规制、碳减排如何助推经济高质量发展——基于中国省域面板的空间计量分析［J］．生态经济，2022，38（07）：48－55.

［276］袁晓玲，王军，张江洋．中国省域经济高质量发展水平评价与比较研究［J］．经济与管理研究，2022，43（04）：3－14.

［277］袁晓玲，李浩，邸勍．环境规制强度、产业结构升级与生态环境优化的互动机制分析［J］．贵州财经大学学报，2019（01）：73－81.

［278］原毅军，谢荣辉．环境规制的产业结构调整效应研究——基于中国省际面板数据的实证检验［J］．中国工业经济，2014，317（08）：57－69.

［279］詹新宇，崔培培．中国省际经济增长质量的测度与评价——基于“五大发展理念”的实证分析［J］．财政研究，2016，（08）：39，40－53.

［280］张冰瑶．创新型城市对经济高质量发展的影响研究［D］．西安：西北大学，2019.

［281］张成，于同申，郭路．环境规制影响了中国工业的生产率吗——基于DEA与协整分析的实证检验［J］．经济理论与经济管理，2010（03）：11－17.

［282］张国庆，闫慧贞．高质量发展导向下产业结构优化对区域绿色全要素生产率的影响［J］．江西社会科学，2020，40（05）：63－71.

［283］张菡．中国环境规制绿色技术创新效应的研究［D］．济南：山东财经大学，2014.

［284］张华，魏晓平．绿色悖论抑或倒逼减排——环境规制对碳排放影响的双重效应［J］．中国人口·资源与环境，2014，24（09）：21－29.

［285］张路，何凌云．工业企业助力中国经济高质量发展了吗？——基于952家上市企业的实证研究［J］．中国矿业大学学报（社会科学版），2020（07）：1－17.

［286］张梅，陈春伟．城镇居民文化消费对经济增长影响的实证分析［J］．商业经济研究，2019（22）：47－50.

［287］张文会，乔宝华．构建我国制造业高质量发展指标体系的几点思

考［J］. 工业经济论坛，2018，5（04）：27－32.

［288］张怡康．建立经济高质量发展体系初探［J］. 统计与管理，2018（04）：126－128.

［289］张英浩，陈江龙，程钰．环境规制对中国区域绿色经济效率的影响机理研究——基于超效率模型和空间面板计量模型实证分析［J］. 长江流域资源与环境，2018，27（11）：2407－2418.

［290］张永恒，王家庭．高质量发展下中国产业转型升级方向研究——基于中美两国数据的对比［J］. 科技进步与对策，2019，36（23）：53－62.

［291］张月友，董启昌，倪敏．服务业发展与“结构性减速”辨析——兼论建设高质量发展的现代化经济体系［J］. 经济学动态，2018（02）：23－35.

［292］张震，刘雪梦．新时代我国15个副省级城市经济高质量发展评价体系构建与测度［J］. 经济问题探索，2019（06）：20－31，70.

［293］赵可，张炳信，张安录．经济增长质量影响城市用地扩张的机理与实证［J］. 中国人口·资源与环境，2014（10）：76－84.

［294］赵丽霞，阿拉腾额古乐．科技创新能力对经济高质量发展影响路径量化研究［J］. 科学管理研究，2019，37（04）：103－107.

［295］赵倩，沈坤荣．以城市群建设推动区域经济高质量发展研究［J］. 经济纵横，2018（09）：92－98.

［296］赵霄伟．地方政府间环境规制竞争策略及其地区增长效应——来自地级市以上城市面板的经验数据［J］. 财贸经济，2014（10）：105－113.

［297］赵英才，张纯洪，刘海英．转轨以来中国经济增长质量的综合评价研究［J］. 吉林大学社会科学学报，2006（03）：27－35.

［298］赵玉焕，钱之凌．中国工业及物流仓储用地对经济增长的影响——基于“绿色索洛模型”［J］. 科技和产业，2021，21（12）：1－13.

［299］赵玉民，朱方明，贺立龙．环境规制的界定、分类与演进研究［J］. 中国人口·资源与环境，2009，19（06）：85－90.

［300］郑玉歆．全要素生产率的再认识——用 TFP 分析经济增长质量存在的若干局限［J］. 数量经济技术经济研究，2007（09）：3－11.

［301］郑自立．文化科技融合助推文化产业高质量发展的机理与策略［J］. 当代经济管理，2019，41（02）：53－59.

[302] 中华人民共和国中央人民政府．国家发展改革委关于创新和完善促进绿色发展价格机制的意见 [EB/OL]. http://www.gov.cn/xinwen/2018-07/02/content_5302737.htm, 2017-07-02/2020-05-14.

[303] 中商产业研究院．新中国成立70年环境保护发展报告：环境污染治理投资总额年均增长14.0% [EB/OL]. https://www.askci.com/news/chanye/20191006/1137561153416_3.shtml, 2019-10-06/2020-08-15.

[304] 钟经文．全力推动我国经济转向高质量发展 [EB/OL]. 经济日报, https://www.gov.cn/xinwen/2017-12/17/content_5247801.htm? eqid=940729a3000d065900000002645c4cf6, 2017-12-17/2022-12-04.

[305] 钟茂初，李梦洁，杜威剑．环境规制能否倒逼产业结构调整——基于中国省际面板数据的实证检验 [J]. 中国人口·资源与环境，2015 (08): 107-115.

[306] 钟太刚．资源型城市经济高质量发展评价与路径研究 [D]. 成都：四川省社会科学院，2019.

[307] 周宾．区域经济高质量发展的驱动力效率分解与TFP变化收敛性分析 [J]. 经济与管理评论，2020，36 (02): 133-148.

[308] 周刚炎．莱茵河流域管理 [J]. 中国三峡建设，2005 (Z1): 85-88.

[309] 周刚炎．莱茵河流域管理的经验和启示 [J]. 水利水电快报，2007 (05): 28-31.

[310] 周宏春，江晓军．习近平生态文明思想的主要来源、组成部分与实践指引 [J]. 中国人口·资源与环境，2019，29 (01): 1-10.

[311] 周宏春．国务院机构改革为生态文明建设提供体制保证 自然资源产权更加明晰 生态环境明确谁来监管 [J]. 中国生态文明，2018 (02): 25-30.

[312] 周杰琦，梁文光．环境规制能否有效驱动高质量发展？——基于人力资本视角的理论与经验分析 [J]. 北京理工大学学报（社会科学版），2020，22 (05): 1-13.

[313] 周楠，张虎，张卫东．制造业与服务业协调发展对制造业升级的影响——基于门限回归模型的分析 [J]. 经济问题探索，2020 (06): 155-166.

［314］周清香．环境规制对黄河流域高质量发展的影响机制研究［D］．西安：西北大学，2021.

［315］周新德，余柳仪．以自主品牌建设助推经济高质量发展的现实困境与策略［J］．企业经济，2019（01）：50－56.

［316］周宇飞，胡求光．隐性经济视角下环境规制对环境污染的影响——基于浙江省经验证据的分析［J］．城市问题，2019（08）：4－12.

［317］周振华．经济高质量发展的新型结构［J］．上海经济研究，2018（09）：31－34.

［318］颛孙书勤．扩大进口对经济高质量发展的促进机制［J］．对外经贸实务，2019（02）：44－47.

［319］邹韵．中国能源结构优化程度及收敛性研究［J］．统计与决策，2020，36（08）：98－101.

［320］Arrow K.，Bolin B.，Costanza R.，et al. Economic Growth，Carrying Capacity，and the Environment［J］．Environment and Development Economics，1996，1（01）：104－110.

［321］Barnett，J. H.，Morse，C. Scarcity and Economic Growth：The Economics of Natural Resource Availability［M］．Baltimore：Johns Hopkins University，1963.

［322］Baron R. M.，Kenny D. A. The Moderator－Mediator Variable Distinction in Social Psychological Research：Conceptual，Strategic，and Statistical Considerations［J］．Journal of Personality and Social Psychology，1986，51（06）：1173－1182.

［323］Barro R. J. Quality and quantity of economic growth［R］．Central Bank of Chile，2002：3－5.

［324］Baumol W. J.，Oates W. E. The Theory of Environmental Policy，2nd edn.［M］．Cambridge：Cambridge University Press，1988.

［325］Bemelmans－Videc Marie－Louise，Rist R. C.，Vedung E. Carrots，Sticks and Sermons：Policy Instruments and Their Evaluation［M］．New Brunswick：Transaction Publishers，1998.

［326］Berman E.，Bui L. T. M. Environmental Regulation and Productivity：Evidence from Oil Refineries［J］．Review of Economics and Statistics，2001，83

(03): 498 -510.

[327] Brock W. A., Taylor M. S. Economic Growth and the Environment: A Review of Theory and Empirics [R]. NBER Working Paper No. 10854, 2004.

[328] Bruyn S. M. D., Heintz R. J. The Environmental Kuznets Curve Hypothesis [M]. Handbook of Environmental Economics. Blackwell Publishing Co., Oxford, 1998.

[329] Charles M., Judd D. A. Kenny. Process Analysis [J]. Evaluation Review, 1981, 5 (05): 602 -619.

[330] Chen Z., Kahn M. E., Liu Y., et al. The Consequences of Spatially Differentiated Water Pollution Regulation in China [J]. Journal of Environmental Economics and Management, 2018, 8 (03): 468 -485.

[331] Cole, M. A., Elliott R. J. Do environmental regulations cost jobs? An industry - level analysis of the UK [J]. The B. E. Journal of Economic Analysis and Policy, 2007, 7 (01): 1 -25, 26.

[332] Daly, H. E. Steady - State Economics [M]. San Francisco: Freeman, 1977.

[333] Ellerman A. D., Buchner B. K. The European Union Emissions Trading Scheme: Origins, Allocation, and Early Results [J]. Review of Environmental Economics and Policy, 2007, 1 (01): 66 -87.

[334] Frolov S. M., Kremen O. I., Ohol D. O. Scientific Methodical Approaches to Evaluating the Quality of Economic Growth [J]. Actual Problems of Economics, 2015, 173 (11): 393 -398.

[335] Frondel M., Horbach J., Rennings K. End of Pipe or Cleaner Production? An Empirical Comparison of Environmental Innovation Decisions across OECD Countries [J]. Business Strategy and the Environment, 2007, 16 (08): 571 -584.

[336] Gray W. Manufacturing Plant Location: Does State Pollution Regulation Matter [R]. NBER Working Paper Series, No. 5880.

[337] Grossman G. & Krueger A. Environmental Impacts of a North American Free Trade Agreement [R]. NBER Working Paper, 1991: 3914.

[338] Huang Y. Is Economic Volatility Detrimental to Global Sustainability?

[J]. World Bank Economic Review, 2012, 26 (01): 128 - 146.

[339] Jorgensen D. W., Griliches Z. The Explanation on Productivity Change [J]. Review of Economic Studies, 1967, 34 (03): 249 - 283.

[340] Kenneth E. Boulding. The Economics of the Coming Spaceship Earth. In H. Jarrett (ed.) [J]. Environmental Quality in a Growing Economy, 1966: 3 - 14.

[341] Konisky D. M. Regulatory Competition and Environmental Enforcement: Is There a Race to the Bottom? [J]. American Journal of Political Science, 2007, 51 (04): 853 - 872.

[342] Kuznets S. Economic Growth and Income Inequality [J]. American Economic Review, 1955, 45 (01): 1 - 28.

[343] Lanoie P., Laurent - Lucchetti J., Johnstone N., et al. Environmental Policy, Innovation and Performance: New Insights on the Porter Hypothesis [J]. Journal of Economics & Management Strategy, 2007, 20 (03): 803 - 842.

[344] Levinsohn J., Petrin A. Estimating Production Functions Using Inputs to Control for Unobservables [J]. The Review of Economic Studies, 2003, 70 (02): 317 - 341.

[345] Levinson A. Environmental Regulation and Manufactures' Location Choices: Evidence from the Census of Manufactures [J]. Journal of Public Economics, 1996, 62 (1/2): 5 - 29.

[346] Li R., Ramanathan R. Exploring the relationships between different types of environmental regulations and environmental performance: Evidence from China [J]. Journal of Cleaner Production, 2018, 196: 1329 - 1340.

[347] Lozano S., Gutiérrez E. Slacks - Based Measure of Efficiency of Airports with Airplanes Delays as Undesirable Outputs [J]. Computers and Operations Research, 2011, 38 (01): 131 - 139.

[348] Lundqvist L. J. Implementation from Above: The Ecology of Power in Sweden's Environmental Governance [J]. Governance, 2010, 14 (03): 319 - 337.

[349] Marshall A. Principles of Economics [M]. Cosimo Classics, 1890.

[350] Mei L., Chen Z. The Convergence Analysis of Regional Growth Differ-

ences in China: The Perspective of the Quality of Economic Growth [J]. Journal of Service Science and Management, 2016, 9 (06): 453 -476.

[351] Mlachila M., Tapsoba R., & Tapsoba S. J. A Quality of Growth Index for Developing Countries: A Proposal [J]. Social Indicators Research, 2014, 134: 675 -710.

[352] Morgenstern R. D., Pizer W. A., Shih J. S. Jobs Versus the Environment: An Industry - Level Perspective [J]. Journal of Environmental Economics & Management, 2002, 43 (03): 412 - 436.

[353] Oh D. A Global Malmquist - Luenberger Productivity Index [J]. Journal of Productivity Analysis, 2010, 34 (03): 183 -197.

[354] Olivier J. G. J., Peters J. A. H. W. Trends in Global CO_2 and Total Greenhouse Gas Emissions (2020 Report) [R]. PBL Netherlands Environmental Assessment Agency, 2020 -11 -01/ 2021 -11 -10.

[355] Paglin, M. Malthus and Lauderdale: The Anti - Ricardian Tradition [M]. New York: Augustus M. Kelley, 1961: 45 -46.

[356] Palmer C., Pearce D. Public and private spending for environmental protection: A cross - country policy analysis [J]. Fiscal Studies, 2001, 22 (04): 403 -456.

[357] Panayotou T. Empirical Tests and Policy Analysis of Environmental Degradation at Different Stages of Economic Development [C]. Working Paper WP238, Technology and Employment Programme, International Labor Office, Geneva, 1993: 1 -23.

[358] Pargal S., Wheeler D. Informal Regulation of Industrial Pollution in Developing Countries: Evidence from Indonesia [J]. Journal of Political Economy, 1995, 104 (06): 1314 -1327.

[359] Parry I., Heine D., Lis E., et al. Getting Energy Prices Right: From Principle to Practice [M]. Washington, DC: International Monetary Fund, 2014.

[360] Peneder M. Industrial Structure and Aggregate Growth [J]. Structural Change and Economic Dynamics, 2003, 14 (04): 427 -448.

[361] Porter M. E., Van der Linde C. Toward a new conception of the environment - competitiveness relationship [J]. Thc Journal of Economic Perspectives,

1995, 9 (04): 97 -118.

[362] QI J. Fiscal Expenditure Incentives, Spatial Correlation and Quality of Economic Growth: Evidence from a Chinese Province [J]. International Journal of Business and Management, 2016, 11 (07): 191 -201.

[363] Ren, S. , Li, X. , Yuan, B. , Li, D. , & Chen, X. The effects of three types of environmental regulation on eco - efficiency: A cross - region analysis in China [J]. Journal of Cleaner Production, 2019, 225: 120 -130.

[364] Rosenberg, N. Innovative Responses to Materials Shortages [J]. American Economic Review, 1973 (13): 116.

[365] Schuster, J. M. Deconstructing a Tower of Babel: Privatising Policy, Practice and Governance. In B. S. Romzek & J. M. Johnston (Eds.), Reinventing Urban Planning [M]. Cambridge, M A: Harvard University Press, 1997.

[366] Schwab K. , Zahidi S. The Global Competitiveness Report (Special Edition 2020): How Countries are Performing on the Road to Recovery [R]. World Economic Forum, 2020.

[367] Selden T. M. , Song D. Environmental Quality and Development: Is There a Kuznets Curve for Air Pollution Emissions? [J]. Journal of Environmental Economics and Management, 1994, 27 (02): 183 -192.

[368] Sidgwick H. Principles of Political Economy [M]. London: Macmillan and Co. 1883.

[369] Solow R. M. A Contribution to the Theory of Economic Growth [J]. Quarterly Journal of Economics, 1956, 70 (01): 65 -94.

[370] Stern, N. Key Elements of a Global Deal on Climate Change [R]. The London School of Economics and Political Science (LSE), April 30, 2008.

[371] Stern, N. Stern Review: The Economics of Climate Change [M]. Cambridge: Cambridge University Press, 2006.

[372] Tone K. A Slacks - Based Measure of Efficiency in Data Envelopment Analysis [J]. European Journal of Operational Research, 2001, 130 (03): 498 -509.

[373] Tone K. A slacks - based measure of super - efficiency in data envelopment analysis [J]. European Journal of Operational Research, 2002, 143 (01): 32 -41.

[374] United Nations. Transforming Our World: the 2030 Agenda for Sustainable Development [R]. 2015.

[375] Vedung E. Policy instruments: Typologies and theories, in Bemelmans – Videc M. L., Rist R. C., Vedung E. Carrots, Sticks, and Sermons: Policy Instruments and Their Evaluation [M]. New Brunswick: Transaction Publishers, 1998: 21 – 58.

[376] World Bank. Expanding the measure of wealth: Indicators of environmentally sustainable development [R]. Washington D. C., 1997.

后　记

进入新时代，中国经济发展已从追求速度转向追求质量，提出了“高质量发展”的理念。这一转变旨在通过转变发展方式、优化经济结构和转换增长动力，实现经济的持续健康发展。党的十九大、党的十九届五中全会和党的二十大均强调了推动高质量发展的重要性，将其视为中国经济社会发展的主题和首要任务。高质量发展不仅是中国社会主要矛盾变化对经济发展方式转变的必然要求，也是全面建设社会主义现代化国家的关键所在。然而，这一发展过程中也伴随着严重的生态环境问题，尤其是水污染、大气污染和土壤污染等，对人类生存和发展构成了威胁。

在此背景下，本书对于环境规制与经济高质量发展关系的深入探讨，不仅极大地丰富了相关理论框架，为学术界提供了新的研究视角和内容参考，更在实际操作中为各地方政府提供了宝贵的政策制定依据。通过实证分析全国30个省（自治区、直辖市）的数据，本书揭示了环境规制在推动经济高质量发展中的关键作用，尤其是在发展方式转变、经济结构优化和动能转换等方面。这一研究不仅有助于解决当前经济发展中的环境污染、不可持续等问题，还为中国经济实现高质量发展转型提供了精准的政策路径，对于促进中国经济提质增效、推动区域经济高质量协同发展具有重要意义。

本书是在作者所主持的国家社会科学基金青年项目的研究成果的基础上完成的。全书的章节结构是经过与课题组成员的多次讨论后定下来的。在讨论的过程中，我们围绕如何通过环境规制促进经济高质量发展这一核心问题展开，按照“提出问题—分析问题—解决问题”的思路，遵循现实分析、理论分析、实证分析和政策分析的结构，全面系统地研究环境规制促进高质量发展的研究意义、研究基础、理论基础、作用机理、发展历程、现实困境、效应检验、机制检验、案例分析、经验借鉴及路径探析，回答了环境规制和高质量发展之间“是否促进”“为何促进”以及“如何促进”的问题。从全书的目录可以看出，整个书稿结构合理、逻辑性强、内容充实、论证充分，这离不开全体课题组成员以及学生们的帮助和支持。在这里尤其要感谢山西财经大学张梦瑶，河南财经政法大学王昊天、李元庆、李宗霖、张文、姜鑫冉和赵贺斌，广州商学院王鹏皓，没有他们高效的研讨、宝贵的修改意见和无私的校对帮助，我不可能顺利完成书稿的撰写。在撰写本书的过程中，我遭遇了许多未曾预料的挑战和困难。然而，正是家人们无私的关爱、朋友们的鼎力相助、同事们的专业指导以及学生们的热情参与，才使我能够坚持下来，并最终完成了书稿的撰写。同时，我要向所有读者表达我最诚挚的感谢，是你们的鼓励和支持让我有动力继续前行，不断探索与分享环境规制与经济高质量发展的深刻见解。

希望这本书能够为读者提供一些思考和启发，以更好地推动环境规制促进经济高质量发展相关研究。当然，囿于本人知识储备和学术写作能力有限，书中可能存在一些不足，望广大读者批评指正。本书是环境规制和经济高质量发展关系研究的补充，期待更多志同道合的人参与到相关研究中去，更好地推动经济高质量发展研究。

弓媛媛

2024 年 8 月